CESAR ANTONIO CALEJON IBRAHIM

A ASCENSÃO DO BOLSONARISMO NO BRASIL DO SÉCULO XXI

Coordenação editorial: Sálvio Nienkötter
Editor-executivo: Raul K. Souza
Editores-assistentes: Daniel Osiecki, Francieli Cunico
Capa: Jussara Salazar
Design editorial: Carlos Garcia Fernandes
Fotografias: Adriano Vizoni
Produção: Cristiane Nienkötter
Revisão e preparação de originais: O Autor

Dados Internacionais de Catalogação na Publicação (CIP)
Angelica Ilacqua CRB-8/7057

Ibrahim, Cesar Antonio Calejon
A ascensão do Bolsonarismo no Brasil do século XXI / Cesar Antonio Calejon Ibrahim. -- 2. Ed -- Curitiba : Kotter Editorial, 2021.
284 p.

ISBN 978-65-89624-42-4

1. Brasil – Política e Governo 2. Jornalismo 3. I. Título

CDD: 331.880981
CDU: 331.105.44 (81)

21-2236

Kotter Editorial Ltda.
Rua das Cerejeiras, 194
CEP: 82700-510 - Curitiba - PR
Tel. + 55(41) 3585-5161
www.kotter.com.br | contato@kotter.com.br

Feito o depósito legal
1ª Edição
2021

CESAR ANTONIO CALEJON IBRAHIM

A ASCENSÃO
DO BOLSONARISMO NO BRASIL
DO SÉCULO XXI

Para Laura Marisa Carnielo Calejon, minha mãe, doutora em psicologia e educadora ao longo da vida, por me ensinar a jamais aceitar os caminhos mais fáceis sem questionar e por me mostrar que a inteligência é inútil — ou muito perigosa — quando não há humanismo.

AGRADECIMENTOS

Meus agradecimentos sinceros para:

O professor Guilherme Casarões, o ex-ministro da Justiça, José Eduardo Cardozo, e Fernando Haddad, candidato à Presidência da República em 2018, pelos debates produtivos e contribuições fundamentais que estas interações produziram nesta obra.

As jornalistas Carolina Corrales, por todas as sugestões, contatos e raciocínios que tanto colaboraram para o desenvolvimento deste trabalho, e Larissa Squeff, por confiar na minha abordagem e abrir as portas pelas quais fluíram algumas das principais ideias apresentadas nos capítulos a seguir.

Adriano Vizoni, fotógrafo do jornal *Folha de São Paulo*, por aceitar o convite para retratar — utilizando o fotojornalismo — os elementos que conduziram a ascensão do bolsonarismo no Brasil do século XXI.

Ana Maria Carnielo Calejon e Vanderlei Arcanjo Carnielo Calejon, por todo o carinho e pelos cuidados ao longo da vida. Obrigado.

Guillermo Arias Beatón, psicólogo, professor e autor, por vinte anos de conversas, debates e reflexões.

Thiago Lopes, músico e poeta, pelas intermináveis sessões sobre política e arte, e Steven Rose, neurocientista, por resumir de forma tão elucidativa os perigos do reducionismo biológico, do predeterminismo genético e dos elitismos históricos.

Alexandre Inagaki, pela colaboração com o imenso conhecimento prático sobre redes sociais aplicadas à política e por compartilhar a sua experiência atuando junto ao PSDB em 2018, e Butcher Billy, artista curitibano que ilustrou a capa do livro com os seus traços geniais.

Joy Agoston, mulher trans, executiva do mercado de comunicação, por demonstrar de forma clara como os simbolismos presidenciais se convertem em ações concretas no âmbito da vida social de quem é LGBT, por exemplo, e professor Cláudio Gonçalves Couto, pela avaliação ímpar do novo Congresso Nacional do Brasil e das dinâmicas da vida sociopolítica brasileira.

A colega especialista em Relações Internacionais, Ana Maria Ravagnani Rodrigues, por me ajudar de forma tão carinhosa com a revisão do material e coesão do texto, e a professora Paula Cesar da Silva, por me auxiliar com questões relacionadas ao ensino básico brasileiro.

Por fim, minha eterna gratidão aos pesquisadores, professores, jornalistas, tradutores, fotógrafos, músicos, poetas, economistas, cientistas, filósofos, advogados, cineastas, escritores, empresários, pintores e a todos que, de alguma forma, contribuem continuamente com a produção do conhecimento legítimo para evitar que a ignorância seja percebida como uma virtude sem nenhum tipo de contestação.

SUMÁRIO

PREFÁCIO

Toda e qualquer tese nasce em determinado contexto político e social, o que oferece um elemento fundamental para avaliar para quem e com qual propósito a teoria foi elaborada.

No meu caso, a principal inspiração para entrevistar as fontes, pesquisar os dados e redigir este trabalho ocorreu durante uma conversa com uma amiga que, assim como milhões de outros brasileiros, cursou apenas até as primeiras séries de um ensino elementar acrítico, quando eu falava sobre a concentração exacerbada de renda e da riqueza que existe no Brasil.

Após ouvir uma breve explicação, ela me perguntou qual era a diferença entre renda e riqueza. Eu expliquei, de maneira sucinta, que a riqueza é o volume de dinheiro e propriedades que as pessoas acumulam ao longo da vida, ao passo que a renda é o produto do trabalho, em forma de salários, mais os juros dos investimentos que elas fazem com a riqueza que concentram. Após escutar este raciocínio com uma expressão de desconfiança, ela me disse: "Acho que eu nunca tinha entendido isso (diferença entre riqueza e renda) porque jamais me sobrou dinheiro para juntar qualquer riqueza. Eu sempre vivi da minha renda mensal!"

Perceber que ela foi capaz não somente de compreender os conceitos, mas também conseguiu aplicá-los de forma imediata na sua vida cotidiana, quase me fez pular da cadeira de alegria. Esse é um dos principais elementos que conduziram ao atual paradigma vigente no Brasil: o desconhecimento absoluto sobre o funcionamento da estrutura social na qual se está inserido.

Centenas de milhões de pessoas vivem, desde o nascimento até o último suspiro, com os recursos exatos para os seus gastos mensais, na melhor das hipóteses. Vivem correndo de sol a sol para produzir, sem nenhuma possibilidade de investir em desenvolvimento intelectual. Sem tempo para parar e pensar. Para aliviar as dores deste ritmo frenético, algumas horas por dia de televisão, redes sociais, WhatsApp, futebol, religião e, talvez, uma cervejinha (porque ninguém é de ferro).

Coelhos correndo eternamente sobre uma roda mecânica atrás de uma cenoura que está sempre estrategicamente posicionada vinte centímetros à frente do nariz, não importando o quanto ou o quão rápido se corra.

Existe uma ampla gama de maneiras pelas quais as forças e os agentes sociais que norteiam a formação do arranjo social brasileiro interagem com as grandes massas do País neste começo de século XXI, mas quatro delas merecem destaque e uma é absolutamente vital: a compulsoriedade, a institucionalidade, a produtividade e o estruturalismo.

A compulsoriedade exige os títulos e os certificados. A institucionalidade diz que alguém pertence a certo grupo e, portanto, está circunscrito aos limites ou exposto aos benefícios destas esferas. A produtividade recompensa os esforços e as aptidões de forma meritocrática quando estes dois filtros anteriores já foram aplicados.

Apesar de serem consideravelmente fortes, os três primeiros conceitos são tipos de forças exógenas, que atuam de fora para dentro, basicamente.

Já o poder estrutural é diferente. Por meio de todas as formas modernas de proselitismos (midiáticos, estéticos e de cunho religioso, principalmente), a estrutura de crenças da população é contínua e endogenamente reorganizada para sentir, enxergar e, em última instância, perceber e atuar sobre o mundo de maneira determinada. Frente a este tipo de poder, os certificados e as institucionalidades são quase desnecessários, porque se acredita firmemente que seguir determinada orientação é, de fato, a coisa certa a fazer. Acredita-se ser inferior e merecer menos, em suma. Esta é a principal força que faz com que os coelhos continuem correndo atrás da cenoura sem sequer saber o gosto que ela tem.

Além do gosto, esta cenoura possui formato, cor, cheiro e tamanho específicos. Elaborada para os coelhos da forma mais simples possível, a tese contida neste livro visa a desnudar estes atributos da cenoura no contexto das eleições presidenciais de 2018.

PRÓLOGO

Junho de 2013. No dia 20, eu fui às ruas de São Paulo acompanhar e registrar as manifestações populares. Naquele momento, havia um ar de "primavera brasileira" na atmosfera política do País.

Após muito conversar com os manifestantes a fim de entender o que eles reivindicavam, encontrei um senhor sentado, observando com uma expressão meio descrente, que destoava muito do restante da população presente na ocasião.

Aproximei-me com cuidado e perguntei, usando um tom ameno:

— O que lhe parece todo este movimento?

— Você sabe — respondeu o velho cético de forma imediata.

— Parece bom, não? — questionei novamente.

— Poderia ser, mas, infelizmente, eu já vi isso antes. Eu vi isso com o próprio Vargas, Prestes, JK, Goulart, Tancredo, Brizola, nas Diretas Já, com o Collor, com o FHC, com o Lula e agora.

— E o que acontece em seguida? — indaguei pela terceira vez.

— O que você acha que acontece? — retrucou ele.

— Eu acho que as coisas podem melhorar — respondi, percebendo o meu otimismo enquanto as palavras saíam da minha boca.

— Bom, eu acho que nós queremos as "mudanças", mas não queremos mudar — disse o velho, fazendo um sinal de aspas com os dedos para pronunciar a palavra "mudanças".

— E qual é a implicação desta postura?

— Pagar o preço que todos aqueles que querem algo e não estão dispostos a mudar pagam.

— Qual é o preço? — perguntei uma última vez antes de perceber que ele não estava fisicamente ali sentado.

INTRODUÇÃO

"Uma teoria é sempre para alguém e para algum propósito, mas, quanto mais sofisticada é a tese, mais ela reflete sobre e transcende a sua própria perspectiva."
- Robert Cox

No dia 7 de outubro de 2018, o candidato do Partido Social Liberal (PSL) à Presidência da República Federativa do Brasil, Jair Messias Bolsonaro, recebeu os votos de 49.276.990 brasileiros durante o primeiro turno das Eleições: 46,03% dos votos válidos. Por uma margem pequena, o ex-capitão do Exército Brasileiro não assumiu a chefia do Executivo na primeira instância do pleito e sem contraproposta a ser avaliada no segundo turno.

Esse é um fato ainda mais significativo do que a própria eleição de Bolsonaro no segundo turno, com 57.797.464 votos, no dia 28 de outubro de 2018. Trata-se de um sintoma mais evidente, considerando o estado psíquico da nação em determinada época.

No Brasil, em 2018, cinco grandes forças motivaram a votação maciça que o então deputado federal Jair Bolsonaro recebeu nos dois turnos da eleição presidencial:

> (1) o antipetismo, que foi estimulado com voracidade ímpar por alguns dos principais grupos empresariais e de comunicação do País nos anos anteriores;
> (2) o elitismo histórico-cultural, reforçado principalmente por boa parte da classe média brasileira e algumas camadas mais pobres e ascendentes da população;
> (3) o dogma religioso, neste caso, mais especificamente por meio da notória adesão dos evangélicos à candidatura de Bolsonaro;
> (4) o sentimento de antissistema, em virtude de uma imensa descrença no modelo de democracia representativa (31 milhões de abstenções e onze milhões de brancos ou nulos) e
> (5) o uso de novas ferramentas e estratégias de comunicação, tais como Facebook, Twitter, Instagram e WhatsApp, para a disseminação de notícias falsas e discursos de ódio ou medo.

O intuito deste livro é abordar, de forma integral, simples e objetiva, como atuaram essas forças que possibilitaram a ascensão do bolsonarismo no Brasil. Não porque se trata de Jair Bolsonaro, mas porque o candidato foi eleito com 55,13% dos votos válidos sem participar de nenhum debate durante o segundo turno das eleições. Este é um traço muito evidente das eleições presidenciais brasileiras de 2018.[1]

Para atingir tal objetivo, uma abordagem que uniu o jornalismo e o fotojornalismo foi utilizada: mais de trinta horas de entrevistas foram realizadas com doutores em Ciência Política e Relações Internacionais, jornalistas, um psicólogo, um neurocientista, um especialista em redes sociais que atuou diretamente nas eleições presidenciais de 2018, uma representante da comunidade LGBT, uma professora do ensino fundamental e personalidades que participaram ativamente dos acontecimentos mais expressivos dos últimos anos, como o ex-ministro da Justiça, José Eduardo Cardozo (Impedimento de Dilma Rousseff), e Fernando Haddad, candidato do PT à Presidência em 2018, quando obteve 47.038.963 votos, 44,87% do total válido.

As imagens que ilustram os raciocínios apresentados são de autoria do fotógrafo Adriano Vizoni. Fotojornalista profissional, Vizoni cobriu boa parte dos eventos abordados nesta publicação, entre 2013 e 2018, para o jornal *Folha de São Paulo*.

Os capítulos foram organizados de forma cronológica e seguindo um valor de importância considerando a influência que cada elemento exerceu para a ascensão do bolsonarismo no Brasil em 2018.

Assim, o alicerce primordial para explicar a aderência que a população brasileira demonstrou às retóricas do ex-capitão remete à obscena concentração de capital e de renda vigente desde

[1] Evitar debates já foi estratégia de Lula e Fernando Henrique Cardoso em pleitos anteriores, mas 2018 foi a primeira eleição na qual não houve confronto entre os candidatos à Presidência da República durante o segundo turno.

basicamente sempre no País e de uma escolha política que foi feita para fazer a manutenção desta desigualdade social.

Em seguida, vamos avaliar a questão relacionada à educação básica (e o que é educação), além do significado do conceito de "subjetividade integral", porque estes também são pontos centrais para explicar a fragilidade com que amplas parcelas da sociedade brasileira acataram proposições absurdas e inverídicas sem questionar, e porque, continuamente, aceitam uma composição social muito favorável para uma minoria e muito sofrida para a maior parte da nação.

Estes são alguns dos temas centrais apresentados nos capítulos a seguir, bem como a influência da mídia sobre a sociedade brasileira e as manifestações populares de junho de 2013, quando o Brasil vivenciou o maior nível de atividade social espontânea desde o movimento pelas Diretas Já, entre 1983 e 1984, e posteriormente viu esta energia que remetia a reformas legítimas ser transformada em frustração ou antipetismo.

Depois, vamos abordar a eleição de 2014, o Impedimento de Dilma Rousseff e a inelegibilidade de Lula para finalmente chegarmos ao capítulo central, que vai detalhar os aspectos principais que foram citados no começo do texto desta introdução como os principais responsáveis pela ascensão do bolsonarismo no Brasil do século XXI.

Vamos entender ainda como grupos internacionais, formados por plutocratas, políticos, lobistas e (o que eu chamo de) ideólogos do caos influenciaram de forma definitiva não somente as eleições brasileiras de 2018, mas o Brexit, a eleição de Trump em 2016 e um processo político muito intenso na Ucrânia, por exemplo, e para citar, brevemente, apenas alguns casos.

No Brasil, essas forças externas foram preponderantes para inflamar o antipetismo e o elitismo histórico, tendo em vista desde a elaboração da ideologia em questão até a utilização de táticas de comunicação de guerrilha que foram aplicadas às redes sociais para incutir o medo, o ódio e a ojeriza em grande parte do povo brasileiro.

Contudo, a história sempre encontra uma maneira absolutamente peculiar e, muitas vezes imprevisível, de se materializar. A despeito de toda a força e do empenho dos agentes envolvidos em determinado arranjo social, o destino final coletivo (e de cada um deles) é sempre uma incógnita.

Apesar da intensidade que a rejeição ao Partido dos Trabalhadores (PT) ganhou no Brasil entre os anos de 2015 e 2018, três dos principais tradicionais atores históricos do cenário político e social brasileiro, incontestavelmente, também perderam terreno nos seus campos de batalha: a Rede Globo, o Partido da Social Democracia Brasileira (PSDB) e o MDB (Movimento Democrático Brasileiro).

Mesmo antes de ser eleito, Bolsonaro já oferecia entrevistas exclusivas para redes como SBT e Record, o que, em outro contexto, seria absolutamente impensável no Brasil. Existem diversos aspectos que caracterizam a eleição de Bolsonaro como uma derrota dura para a Globo e vamos avaliar esta questão mais à frente. Entretanto, este único ponto já traz uma boa dor de cabeça para a família Marinho, que, desde a redemocratização do País, sempre foi acostumada a ser tratada como a principal força política do Brasil, mas evita de todas as formas ser percebida como tal, naturalmente.

Geraldo Alckmin, ex-governador do Estado de São Paulo e candidato do PSDB à Presidência da República em 2018, obteve 5.096.349 votos: 4,76% do total válido. O pior resultado da história do partido na disputa pela presidência, que também encolheu no Congresso Nacional e está agora nas mãos de João Doria Jr., governador-eleito do Estado de São Paulo em 2018. Já o PSL tornou-se a segunda maior bancada do Congresso Nacional e elegeu o chefe do Executivo. Ascensão meteórica.

Candidato ao cargo de Presidente do Brasil pelo MDB, Henrique Meirelles, que gastou cerca de R$ 54 milhões do próprio bolso com a sua campanha, obteve 1.288.948 votos totalizados (1,20% dos votos válidos).

Desta forma, independentemente do seu posicionamento político-partidário, existe uma nova estrutura sociopolítica determinada a partir de 2019, com outros agentes, novos equilíbrios de poder, filosofias distintas, diferentes alianças e narrativas sendo orquestradas para outra elaboração organizacional.

Por fim, com a colaboração de alguns dos principais especialistas em Relações Internacionais do Brasil, vamos debater quais são as expectativas e possíveis implicações, considerando a interação da administração Bolsonaro com a sociedade internacional entre 2019 e 2022 caso o presidente brasileiro realmente cumpra algumas das promessas que foram feitas pelo então candidato.

1

CONCENTRAÇÃO DE RENDA E A DESIGUALDADE COMO ESCOLHA POLÍTICA: O CENÁRIO BRASILEIRO

"Se a miséria dos pobres não é causada pelas leis da natureza, mas por nossas instituições, grande é o nosso pecado."
- Charles Darwin

Asteroides, guerras nucleares, pandemias e inteligência artificial. Nos filmes de ficção científica, a ameaça que oferece risco ao ser humano geralmente assume uma forma épica, ampla e dramática, que é elaborada para arrepiar os telespectadores. Contudo, o maior problema com o qual nos deparamos e que já nos atormentava muito antes do surgimento das primeiras sociedades civis modernas (Paz de Vestfália) tem notoriamente um caráter bem menos cinematográfico.

De diferentes maneiras, a desigualdade da distribuição de renda e da riqueza foi um tema que sempre esteve presente nas relações sociais e na dinâmica do funcionamento humano, mas a primeira Revolução Industrial (1760) realmente trouxe essa questão para o cerne do debate. Ou deveria, porque ela é realmente fundamental no que tange às forças que moldam toda a realidade social.

De acordo com o *The World Inequality Report 2018* (Pesquisa Desigualdade Mundial 2018), que foi apresentado por um time de pesquisadores franceses e estadunidenses em dezembro de 2017, o Brasil tem uma das maiores taxas de concentração de renda e riqueza do estudo. Ou seja, somos um dos países mais desiguais do planeta, ao lado da África do Sul e regiões do Oriente Médio.[2]

Apesar de existirem de forma oficial na literatura que estuda o tema as "classes D e E", a maior parte da população brasileira foi ensinada, desde os primeiros anos do desenvolvimento infantil, a acreditar que está, socioeconomicamente, posicionada entre o que foram intituladas "classes B e C".

Obviamente, essa é apenas uma questão semântica sobre como classificar a quantidade de acesso aos recursos que determinado cidadão ou família possuem, certo? Não. Este não é um ponto meramente semântico e tal reducionismo serve para

---

[2] ALVAREDO, Facundo; CHANCEL, Lucas; PIKETTY, Thomas; SAEZ, Emmanuel; ZUCMAN, Gabriel. *World Inequality Report 2018*. World Inequality Lab, 2017. Disponível em: <https://wir2018.wid.world/files/download/wir2018-full-report-english.pdf>. Acesso em: 2 out. 2018.

simplificar um aspecto nevrálgico e bem mais complexo do nosso funcionamento social e do debate que o envolve.

O abismo social existente entre as "classes A e E" no Brasil precisaria de muitas outras letras para ser compreendido de forma mais precisa. Em 2018, existiam 43 bilionários no país.[3] Desses, apenas seis possuíam o patrimônio equivalente ao de toda a metade mais pobre da população brasileira (mais de cem milhões de pessoas).[4]

De acordo com a revista estadunidense *Forbes*, o Brasil alcançou um recorde de 65 membros em sua lista de bilionários em 2014. "Então, os problemas começaram, e o número de super-ricos do Brasil caiu rapidamente para apenas 42 em 2018",[5] ressalta o texto publicado em março de 2019. "Mas o Brasil está reagindo", continua a publicação da revista, "pelo menos no que diz respeito aos muito ricos [...] No total, a *Forbes* encontrou 58 bilionários no Brasil este ano (2019), que juntos totalizam uma fortuna de US$ 175 bilhões (mais de R$ 660 bilhões)",[6] garante a matéria. Essa é a "classe A" do Brasil.[7]

Já a "classe B" é formada por 1.430 pessoas, que possuem renda mensal (salários mais a rentabilidade do capital privado acumulado) a partir de R$ 5 milhões. Abaixo, está a "classe C",

---

[3] *Brazil: extreme inequality in numbers*. Oxfam International. Disponível em: <https://www.oxfam.org/en/even-it-brazil/brazil-extreme-inequality-numbers>. Acesso em: 6 fev. 2019.

[4] Jorge Paulo Lemann (AB Inbev), Joseph Safra (Banco Safra), Marcel Hermmann Telles (AB Inbev), Carlos Alberto Sicupira (AB Inbev), Eduardo Saverin (Facebook) e Ermírio Pereira de Moraes (Grupo Votorantim) são as seis pessoas mais ricas do Brasil em 2019.

[5] DOLAN, Kerry A. Brazil Bounces Back With A Slew Of New Billionaires. *Forbes*, 5 mar. 2019. Disponível em: <https://www.forbes.com/sites/andersonantunes/2019/03/05/brazil-bounces-back-with-a-slew-of-new-billionaires/#771e5933650f>. Acesso em: 7 mar. 2019.

[6] Ibid.

[7] Com a taxa de câmbio entre o real brasileiro e o dólar estadunidense em R$ 3,83310.

com 14.300 pessoas que têm renda mensal a partir de R$ 1 milhão. Depois, temos a "classe D", com 142.500 integrantes que capitalizam a partir de R$ 188.925 por mês. Em seguida, temos a "classe E", que também é chamada de TOP 1%, com 1,4 milhão de brasileiros que têm renda mensal a partir de R$ 36.762.

O TOP 10% ou a "classe F" tem quatorze milhões de cidadãos com renda mensal a partir de R$ 7.425. A "classe G" (MID 40%) tem 57 milhões de pessoas que ganham a partir de R$ 2.178 por mês. Literalmente por último, temos a "classe H" (BOTTOM 50%) com 71,2 milhões de brasileiros[8] que vivem com recursos mensais a partir de R$ 1.122, e a "classe I", dos ditos *indigentes*,[9] que não são contabilizados nestes tipos de estudo porque não integram a População Economicamente Ativa (PEA) do Brasil.[10]

Esta é a organização socioeconômica do Brasil em 2019. Mais alarmantes do que este cenário são os indícios científicos que demonstram que a equação distributiva de renda e da riqueza está caminhando para uma concentração ainda mais exacerbada não somente no Brasil, mas em todo o planeta.[11]

---

[8] Dados do Instituto Brasileiro de Geografia e Estatística (IBGE) indicavam, em dezembro de 2018, a existência de 18,2 milhões de brasileiros vivendo em situação de pobreza. Este mesmo estudo revelou que 5,2 milhões de crianças, de 0 a 14 anos, vivem em situação de extrema pobreza no Brasil.

[9] Em 2019, o Banco Mundial classifica como pobreza qualquer quantia igual ou inferior a US$ 5,50 por dia para cada cidadão e, como pobreza extrema, qualquer quantia igual ou inferior a US$ 1,90 por dia para cada cidadão.

[10] SILVEIRA, Daniel; GERBELLI, Luiz Guilherme. *Brasil tem 5,2 milhões de crianças na extrema pobreza e 18,2 milhões na pobreza. G1*, 9 dez. 2018. Disponível em: < https://g1.globo.com/economia/noticia/2018/12/09/brasil-tem-52-milhoes-de-criancas-na-extrema-pobreza-e-182-milhoes-na-pobreza.ghtml>. Acesso em: 10 dez. 2018.

[11] ALVAREDO, Facundo; CHANCEL, Lucas; PIKETTY, Thomas; SAEZ, Emmanuel; ZUCMAN, Gabriel. *Op. cit.* Ver também: PIKETTY, Thomas. *O Capital no Século XXI*. São Paulo: Intrínseca, 2014.

Distribuição de renda e da riqueza no Brasil em 2019

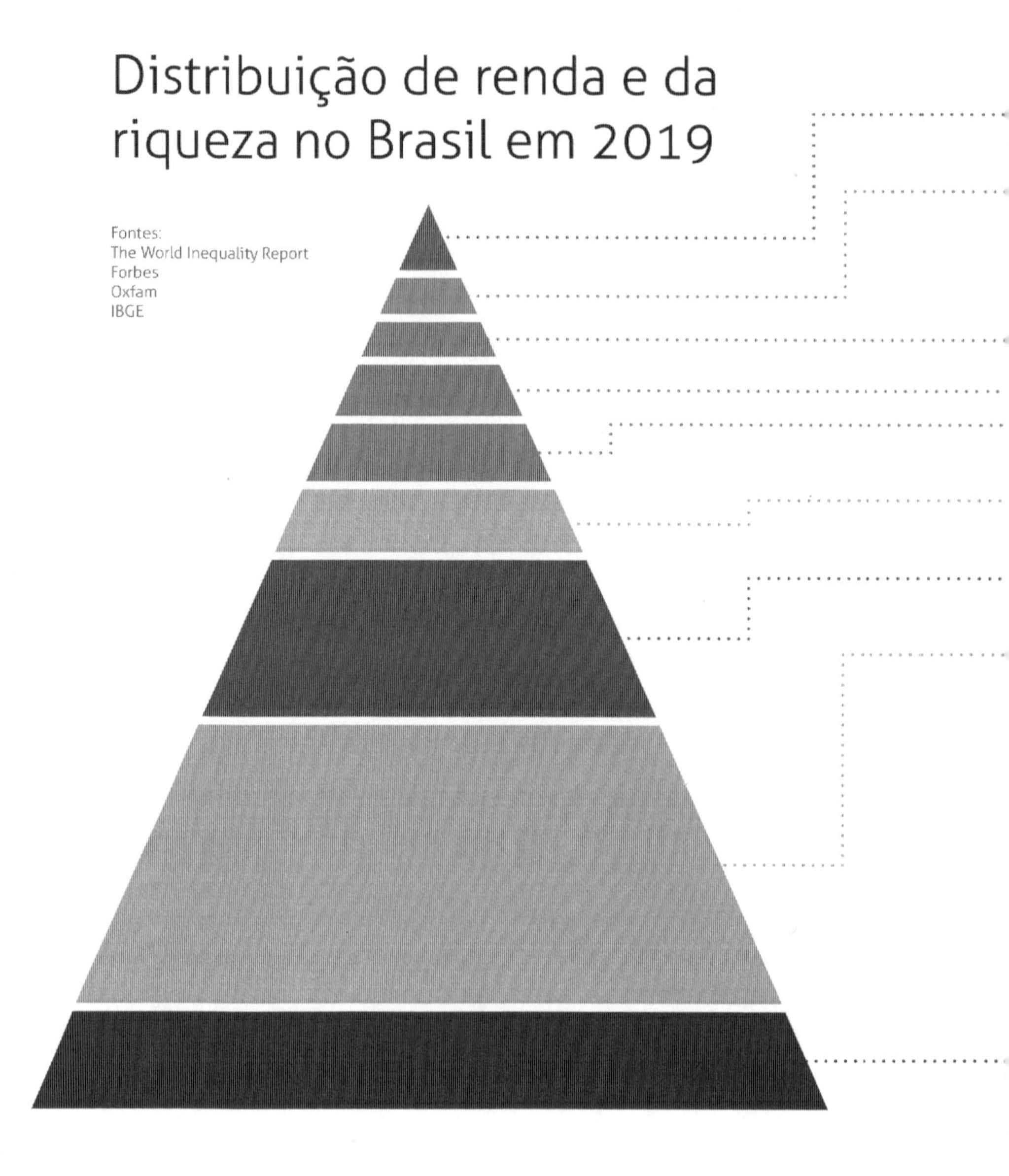

Fontes:
The World Inequality Report
Forbes
Oxfam
IBGE

A: 58 bilionários[1]
+ R$ 660 bilhões

B: 1.430 pessoas
+ R$ 5 milhões/ mês

C: 14.300 pessoas
+ R$ 1 milhão/ mês

D: 142.500 pessoas
+ 188.925/ mês

E (Top 1%): 1.4 milhão de pessoas
+ R$ 36.762/ mês

F (Top 10%): 14 milhões de pessoas
+ R$ 7.425/ mês

G (MID 40%): 57 milhões de pessoas
+ R$ 2.178/ mês

H (Bottom 50%): 71 milhões de pessoas[2]
+R$ 1.122/ mês

I (Indigentes): +ou – 23 milhões de pessoas[2,3]
R$ 0,00/ mês

1

(A): Destes, apenas seis:
1) Jorge Paulo Lemann
2) Joseph Safra
3) Marcel Hermann
4) Carlos Alberto Sicupira
5) Eduardo Saverin
6) Antônio Ermírio de Moraes

2

(H) e (I): possuem o patrimônio equivalente ao de toda a metade mais pobre do Brasil: 100 milhões de pessoas

3

(I): 5 milhões de crianças vivem na extrema pobreza = US$ 1,90/ dia

O Brasil é um dos países que tem o maior índice de desigualdade social do planeta e mais de cinco milhões de crianças vivem na extrema pobreza. Em 2015, a microcefalia assombrava as comunidades mais pobres de Pernambuco. Palafitas construídas sob a ponte Governador Paulo Guerra, na cidade do Recife.

Desde 2000, a desigualdade total de renda manteve-se relativamente estável e em patamares extremamente altos no Brasil. Pequenos ganhos foram obtidos pelos 50% mais pobres, que aumentaram a sua participação de 11% para 12%, entre 2000 e 2015, por exemplo.

"Os 10% mais ricos dos adultos brasileiros, cerca de quatorze milhões de pessoas, receberam mais da metade (55%) de toda a renda nacional em 2015, enquanto a metade mais pobre da população, um grupo cinco vezes maior, ficou com algo entre quatro e cinco vezes menos: apenas 12%. Os 40% da população intermediária (MID 40%) receberam menos de um terço da renda total, uma porcentagem baixa para os padrões internacionais. Isso claramente revela que a desigualdade no Brasil é afetada principalmente pela extrema concentração no topo da distribuição",[12] escreveu Marc Morgan, economista irlandês que foi responsável por compilar os dados brasileiros do *The World Inequality Report 2018*.

Em 2015, a renda média de um adulto brasileiro era de cerca de R$ 37.100 por ano (R$ 3.091 por mês), mas para aqueles entre os 50% mais pobres, a renda média anual era inferior a R$ 9.200 (cerca de R$ 766 por mês), aproximadamente um quarto da média nacional.

Subindo na escala da concentração, a renda média anual dos adultos na faixa do MID 40% era de R$ 30.500 (R$ 2.541 por mês). Ou seja, 90% da população adulta do Brasil ganhava menos do que a média nacional, o que evidencia a extensão da desigualdade de renda no País e a falta de uma ampla "classe média". Consequentemente, a renda média dos 10% mais ricos é cinco vezes maior do que a média nacional, de R$ 207.600 (R$ 17.300 por mês). As magnitudes aumentam substancialmente à medida que se move em direção aos escalões superiores da distribuição de renda, com a renda média anual do TOP 1% (cerca de 1,4 milhão de pessoas) em torno de R$ 1 milhão (mais de R$ 83 mil reais por mês).

---

[12] Ibid.

A desigualdade como escolha política

"A história recente do Brasil indica que houve uma escolha política pela desigualdade",[13] afirmou Morgan em entrevista publicada pelo jornal *Folha de São Paulo*, no dia 24 de setembro de 2017.

"Dois fatores ilustram isso: a ausência de uma reforma agrária e um sistema que tributa mais os pobres. Para nós, estrangeiros, impressiona que alíquotas de impostos sobre a herança sejam de 2% a 4%. Em outros países chegam a 30%. A tributação de fortunas fica em torno de 5%. Enquanto isso, os mais pobres pagam ao menos 30% de sua renda via impostos indiretos sobre luz e alimentação",[14] disse o economista à *Folha de São Paulo*.

Vamos nos focar na afirmação "a história recente do Brasil indica que houve uma escolha política pela desigualdade".[15] O que são escolhas políticas? Quem as faz? O que se entende por política atualmente? Por definição, política é a "arte ou ciência da organização, direção e administração de Nações ou Estados".[16]

Desta forma, todos os agentes envolvidos em determinado contexto social fazem escolhas políticas de alguma maneira. Todos os seres humanos, sem exceções e incluindo até os bebês, que choram quando querem mamar ou sentem dor, adotam medidas políticas, mais ou menos conscientes, em diferentes níveis e de diversas formas. Neste sentido, a política é uma característica inerente e irrefutável da vida humana.

---

[13] MORGAN, Marc. "Desigualdade no Brasil é escolha política", diz economista. *Folha de São Paulo*, 24 set. 2017. Disponível em: <https://www1.folha.uol.com.br/mercado/2017/09/1921236-desigualdade-no-brasil-e-escolha-politica-diz-economista.shtml>.

[14] Ibid.

[15] Ibid.

[16] Ver a obra *Política*, de Aristóteles, na qual o filósofo afirma que "a polis faz parte das coisas naturais e que o homem é por natureza um animal político".

Em São Desidério, interior da Bahia, o lavrador Elcio Macedo, de 42 anos, trabalha de sol a sol para sustentar a família. Mesmo com tanta luta, Macedo nunca contou com energia elétrica em casa. Repare qual é o único quadro pendurado na parede da sala.

Uma escolha política não significa unicamente se declarar a favor de determinado partido, ideologia ou candidato. Quer dizer, principalmente, que é preciso escolher como tratar um vizinho no elevador, parar ou não na faixa para o pedestre atravessar, jogar o lixo pela janela do carro, sonegar impostos ou prejudicar um colega de trabalho para obter uma promoção, por exemplo. Entre muitos outros aspectos que formam a rotina cotidiana.

Neste contexto, as escolhas políticas constituem, em última análise, o caráter das instituições ideológicas (conjuntos de premissas e ideias) e físicas (entidades formais) que orientam a formação de uma sociedade civil moderna. A questão principal neste caso é que o nível de consciência das tomadas de decisões políticas cresce na proporção em que aumentam os recursos intelectuais de determinado povo, mas não necessariamente de forma automática ou imediata, e tendo em vista um conceito específico do que são e para que servem esses recursos cognitivos, efetivamente.

De qualquer forma, o fato é que desconhecendo os seus processos históricos, a dinâmica que conduz o funcionamento da sua atual sociedade e para onde os indícios por ela produzidos estão apontando no futuro, determinada nação está literalmente cega. Assim, resta à população somente basear todas as suas escolhas, sua visão e atuação sobre o mundo, no que se absorve por meio de determinado jornal, revista, rádio, TV, redes sociais ou WhatsApp. Sem questionamentos mais profundos ou qualquer tipo de avaliação crítica para lidar com o que se recebe.

Como é possível explicar que, em uma organização social na qual a População Economicamente Ativa é composta por aproximadamente 142 milhões de pessoas (população total de 209 milhões), 71,2 milhões aceitem viver com recursos mensais de R$ 1.122 (classe H) e outros 57 milhões não se revoltem com os R$ 2.178 (classe G) que recebem por mês? Por que esses mais de 128 milhões de brasileiros que literalmente carregam as estruturas industrial e financeira do País nas costas e ficam com a menor fatia dos dividendos não pressionam as classes mais abastadas por uma distribuição mais igualitária de capital e renda?[17]

Quem forma este seleto grupo de indivíduos que faz a manutenção do paradigma político atualmente vigente no Brasil? Quem são as principais famílias e grupos econômicos que controlam os sistemas de mídia, tecnologia e telecomunicações, energia, combustíveis, bancário, alimentação, vestuário, entre tantos outros que formam o capital corporativo? Como essas forças interagem com os parlamentares brasileiros e com os grupos internacionais que possuem agendas similares ao redor do mundo? Ou seja, para quem interessa, de fato, que a desigualdade continue sendo estimulada como uma escolha política e que, principalmente, a maioria da população continue aceitando esta organização de forma complacente?

O simples fato de refletir sobre estas perguntas oferece um conteúdo tão significativo quanto obter as próprias respostas, mas todo este processo de questionamento requer certo tipo e nível de educação.

O conceito de educação, a subjetividade integral e uma consciência crítica coletiva

Segundo o documento *Education at a Glance 2017*, referência global na comparação de índices educacionais em termos de gastos com educação em relação ao gasto público total, o Brasil investia acima da média dos países-membros da Organização para a Cooperação e Desenvolvimento Econômico (OCDE): mais de 16,2% dos recursos públicos brasileiros eram destinados para o setor, contra 10,3% de média da organização. Os números do Brasil também eram superiores aos de países como Coreia

[17] ALVAREDO, Facundo; CHANCEL, Lucas; PIKETTY, Thomas; SAEZ, Emmanuel; ZUCMAN, Gabriel. Op. cit.

do Sul (14,5%), Suíça (13,9%), Dinamarca (13,5%) e Noruega (13%). Em uma lista de 43 países, o Brasil aparecia no sexto lugar neste quesito.[18]

Apesar disso, o relatório intitulado PISA (*Programme for International Student Assessment*), também da OCDE, aponta que o resultado do Brasil em educação básica ainda está muito aquém dos demais países-membros da organização: no *ranking* de 72 países em 2015, o Brasil ficou em 63º em Ciências, 59º em Leitura e 66º em Matemática. O resultado é inferior aos obtidos por Chile e Uruguai, por exemplo, e é pior ainda do que os índices verificados por nações mais pobres, como a Albânia e a Jordânia.[19]

Para piorar este quadro, entre 2014 e 2018, o investimento do Brasil em educação diminuiu de R$ 11,3 bilhões para R$ 4,9 bilhões (56%). Com cortes previstos para os orçamentos das universidades federais e todos os tipos de projetos de pesquisa, a projeção da Lei Orçamentária de 2019 é que o valor seja ainda menor e fique em R$ 4,2 bilhões.[20]

Além disso, o Brasil ainda tem 11,8 milhões de analfabetos, de acordo com a Pesquisa Nacional por Amostra de Domicílios Contínua (Pnad), que foi divulgada em dezembro de 2017 pelo IBGE.[21]

---

[18] *Education At a Glance 2017*: OECD Indicators. Disponível em: <http://download.inep.gov.br/acoes_internacionais/eag/documentos/2017/relatorio_education_at_a_glance_2017.pdf>. Acesso em: 30 out. 2018.

[19] *OECD Education GPS Brazil*. Disponível em: <http://gpseducation.oecd.org/CountryProfile?primaryCountry=BRA&treshold=10&topic=PI>. Acesso em: 10 maio. 2019.

[20] A informação sobre a redução no investimento consta em um informativo técnico da Câmara dos Deputados. Ver também: MAZIEIRO, Guilherme. Em 4 anos, Brasil reduz investimento em educação em 56%; cortes continuam. *UOL Educação*, 2 maio 2019. Disponível em: <https://educacao.uol.com.br/noticias/2019/05/02/em-4-anos-brasil-reduz-investimento-em-educacao-em-56.htm>. Acesso em: 2 maio 2019.

[21] FERREIRA, Paula. Brasil ainda tem 11,8 milhões de analfabetos, segundo IBGE. *O Globo*, 21 dez. 2017. Disponível em: < https://oglobo.globo.com/

"Precisamos valorizar muito mais a educação básica. Precisamos organizar um conteúdo mais orientado à vivência dos alunos",[22] garante Paula Cesar da Silva, professora do ensino básico na cidade de Santos, litoral do Estado de São Paulo.

"Eu venho lecionando há 24 anos na Prefeitura Municipal de Santos e há seis anos venho ensinando as turmas da 5ª série (jovens com idades entre 10 e 12 anos). Até hoje, não temos disciplinas oficiais sobre educação financeira. É um absurdo. Em várias escolas particulares ou nas que possuem mais recursos e materiais de ensino atualizados já existem conteúdos específicos para orientar o aluno, desde cedo, a lidar com questões relacionadas à vida de forma mais ampla",[23] complementa a professora.

O que é educação? Paulo Freire, Patrono da Educação Brasileira e considerado um dos pensadores mais notáveis na história da pedagogia mundial, define a educação como "o processo constante de criação do conhecimento e de busca da transformação-reinvenção da realidade pela ação-reflexão humana".[24] Em sua obra clássica, intitulada *Pedagogia do Oprimido*, Freire afirma também que "a educação é libertadora quando o oprimido aprende a identificar e a questionar a sua relação com o seu opressor"[25] para ser capaz de utilizar esta educação como "instrumento de mudança e justiça social".[26]

---

sociedade/educacao/brasil-ainda-tem-118-milhoes-de-analfabetos-segundo-ibge-22211755>. Acesso em: 12 maio 2019.

[22] Entrevista concedida ao autor no dia 7 de junho de 2018.

[23] Ibid.

[24] FREIRE, Paulo. *Pedagogia do Oprimido.* São Paulo: Paz e Terra, 2013.

[25] Ibid.

[26] Ibid.

Entre 2014 e 2018, o investimento do Brasil em educação diminuiu de R$ 11,3 bilhões para R$ 4,9 bilhões: 56%. Prédio da Escola Paula Souza, centro de São Paulo, maio de 2016.

Seguindo este mesmo raciocínio, mas aplicado à vida social dos seres humanos, o conceito de ordem, de acordo com Hedley Bull, o renomado professor de Relações Internacionais, significa um "arranjo específico da vida social que seja adequado à promoção de determinadas metas e/ou valores essenciais à vida do sujeito".[27]

Ou seja, de acordo com estes preceitos, uma sociedade extremamente instruída e organizada para aniquilar os seus inimigos não possui educação e não está em ordem. O mesmo vale para as nações e para os indivíduos.

Instrução não significa necessariamente educação e organização não é sinônimo de ordem neste contexto. Portanto, mais importante do que simplesmente investir em educação é saber como aprimorar a formação do desenvolvimento de uma espécie de consciência crítica coletiva nas próximas gerações. Falhar neste esforço vem nos acarretando efeitos trágicos ao longo da história humana. Com uma educação reducionista, todos os outros aspectos do desenvolvimento social e da vida em geral ficam debilitados.

Para Guillermo Arias Beatón, psicólogo com doutorado em Ciências Pedagógicas pelo Instituto Central de Ciências Pedagógicas de Cuba (1987), as sociedades modernas produzem indivíduos que não são capazes de desenvolver o que ele chama de "subjetividade integral".[28]

"O desenvolvimento psíquico humano, o psiquismo humano, a mente e a subjetividade são palavras ou termos para conceituar a propriedade humana de transformar em subjetivo, espiritual, psíquico, mental ou psicológico aquilo

---

[27] BULL, Hedley. *A Sociedade Anárquica*. Brasília: Editora Universidade de Brasília, Instituto de Pesquisa de Relações Internacionais, Imprensa Oficial do Estado de São Paulo, 2002. Disponível em: <http://funag.gov.br/biblioteca/download/158-Sociedade_Anarquica_A.pdf>.

[28] Entrevista concedida ao autor no dia 3 de agosto de 2018.

que o sujeito vive em sua vida concreta, sendo a sua máxima expressão a formação da consciência, da autoconsciência, do comportamento humano e da personalidade. Ou seja, o psíquico ou a subjetividade são ideias, emoções, sentimentos, as funções psíquicas superiores (linguagem, cálculo, desenho, escrita, artes, percepção, memória, atenção, pensamento, formação de conceitos etc.) e o emprego dos símbolos, signos e significados. Os conhecimentos adquiridos e o poder de ser capaz de explicar a nossa existência, da natureza e da sociedade por meio deles. Estas formações psíquicas ou subjetivas são, no ser humano, de natureza cultural, histórica. São produzidas em um ambiente ou contexto social",[29] afirma Beatón.

"O psiquismo dos seres vivos anteriores ao ser humano, por sua natureza biológica, nunca atingiu esses níveis de desenvolvimento e formação. Eles se adaptavam, essencialmente, de uma maneira direta e, em geral, da mesma forma, porque a adaptação instintiva, que é biológica, predominava por meio de reflexos incondicionados. Nesses seres vivos não se chega a formar a consciência e a autoconsciência, no sentido de atingir o conhecimento com certa integralidade sobre quem somos, de onde viemos, o que e como podemos, efetivamente, fazer na natureza e na sociedade",[30] acrescenta o psicólogo.

Segundo ele, esta propriedade do desenvolvimento psíquico humano (ou da subjetividade humana) também não acontece de forma previamente determinada.

[29] Ibid.

[30] Ibid.

Em maio de 2016, estudantes resistiram e continuaram ocupando o prédio da escola Paula Souza, no centro de São Paulo, mesmo depois de o edifício ter sido desapropriado pelo poder público.

"Depende da educação, do desenvolvimento e da formação que o sujeito recebe ao longo de toda a sua vida. Existem diferentes níveis de desenvolvimento dessa subjetividade ou mentes. Você pode notar isso facilmente quando olha para a diversidade humana. Então, esta formação depende muito da integralidade que a educação oferecida apresenta, para que o sujeito possa apropriar-se ao máximo de todos os conteúdos e meios de cultura, dos conhecimentos acumulados mais variados, para ser capaz de vivenciar as emoções, os afetos e os sentimentos em todas as suas expressões, estando ciente deles. Além disso, que esteja também consciente sobre como se formam as suas necessidades e da existência da tarefa do ser humano de atuar em benefício de outros seres humanos, de si mesmo e da própria natureza",[31] complementa Beatón.

Para ele, quando a educação é incompleta e elaborada para habilitar e capacitar o sujeito ou, em outras palavras, para torná-lo apto a produzir, um crime contra a humanidade é cometido porque o processo de desenvolvimento integral dos seres humanos é tolhido.

"Este processo não acontecerá de forma igual para todos, mas de maneiras diversas. Contudo, isso já seria muito melhor do que o que é alcançado hoje. Esse é o pior erro que o ser humano vem cometendo ao longo da história. Felizmente, mesmo com as contradições e os erros típicos das suas épocas, temos alguns legados de pensamentos dos antigos na Ásia, na América Latina e, no século XVII, Francis Bacon, no Ocidente. Todos estes pensadores nos alertaram sobre este mal que vem sendo feito pelo ser humano por milênios. Eles nos explicam, com seus conhecimentos e sentimentos, esses males",[32] ressalta o psicólogo.

"Além disso, no momento da crise da aristocracia e do feudalismo, os renascentistas e iluministas também destacaram esta

[31] Ibid.

[32] Ibid.

questão, mas a sociedade de exploração, que foi organizada por parte da população, frustrou estas observações e desenvolveu o que estamos vivendo até hoje, que era o ideal ou a utopia daquela época. Talvez esse tenha sido o caminho para organizar a sociedade na história, eu não sei muito bem, talvez tenha sido o que foi necessário acontecer para produzir o desenvolvimento das forças produtivas que temos hoje. Apesar disso, já passou da hora de analisarmos criticamente essas contribuições dos nossos anciões. O problema é que a ambição, o hedonismo, a premissa de que há seres fortes e outros fracos acaba produzindo tudo o que temos hoje e não permite que as mudanças necessárias na sociedade viabilizem, finalmente, o tipo de educação que desenvolva a subjetividade de forma integral nos seres humanos. Porque há pelo menos 800 mil anos o *homo sapiens* já possui as condições biológicas para alcançar o desenvolvimento pleno da sua subjetividade",[33] prossegue Beatón.

Ainda de acordo com ele, neste processo está incluída a educação tradicional, que geralmente é muito insuficiente, além de organizada e fornecida para os seres humanos apenas para formar competências, recursos cognitivos e intelectuais.

"Sem virtudes, sentimentos, estados emocionais ou motivações verdadeiramente humanas, a fim de produzir o que o paradigma atual exige. Trata-se de uma educação para contribuir na formação de um ser humano que atenda às demandas da natureza alienante desta sociedade. Consegue-se, de uma forma ou de outra, que esta educação não permita a formação e o desenvolvimento desta subjetividade integral, que implique uma concepção do mundo que ajude o sujeito a explicar criticamente a sua existência e a sua vida. Tudo isso é apoiado não apenas pela educação oferecida pelas escolas, mas também pela educação produzida pelos meios de comunicação, que são dominados pelas elites das sociedades atuais em praticamente todo o planeta

[33] Ibid.

e reforçam todo este mecanismo ao qual me refiro",[34] finaliza o psicólogo.

Portanto, catalisar a formação do pensamento crítico coletivo não significa estimular adesões a determinadas ideias ou a nenhuma filosofia político-partidária. Trata-se de reforçar os processos educativos – principalmente os que dizem respeito ao ensino fundamental dos brasileiros – para desenvolver as subjetividades dos cidadãos nacionais de forma integral e combater o empobrecimento subjetivo que acometeu o país.

Independentemente da cosmovisão que compele certo indivíduo a se posicionar mais à direita ou à esquerda no espectro político ideológico, desenvolver essa capacidade crítica coletiva significa evitar que as grandes massas populacionais acreditem em absurdos como o "kit gay", o "combate ao comunismo" e outras falácias que deram margem à ascensão (e fizeram a manutenção) do bolsonarismo no Brasil.

Caso falhemos nesse quesito enquanto sociedade, existe uma alta probabilidade de futuros déspotas assumirem o comando do Poder Executivo do Brasil utilizando as mesmas abordagens das quais Jair Bolsonaro se valeu em outubro de 2018 (e que certamente tentará repetir em outubro de 2022). Combater a fragilidade intelectual do povo brasileiro é imperativo nessas primeiras décadas do século XXI.

---

[34] Ibid.

Greve dos professores, maio de 2013. Policiais militares arrastam um professor não identificado pelo asfalto da Avenida Paulista.

2

JUNHO DE 2013

"Eu não sei exatamente. Acho que ninguém sabe."
- manifestante anônimo abordado durante os protestos de junho de 2013, quando questionado por quais motivos ele estaria protestando

Os protestos no Brasil em 2013, que também ficaram conhecidos como as Jornadas de Junho, formam o maior estudo de caso brasileiro considerando o direcionamento, por parte da mídia nacional e grupos empresariais, de um ímpeto difuso e avassalador da população para que esta energia, que demandava reformas e expressava uma profunda frustração com as instituições atuais, assumisse um caráter partidário a fim de se tornar o elemento central da principal força política atuante no Brasil cinco anos depois.

Após demonstrações menores e ainda incipientes de mobilização social (em 2011 e 2012) em algumas capitais do Brasil, o ano de 2013 foi bem mais agitado. As manifestações tiveram início em Porto Alegre (RS), ainda no início de janeiro, pouco antes de as empresas de transportes públicos demandarem o aumento de 15,8% no preço da passagem do ônibus.

O reajuste de 7%, que efetivamente elevou a tarifa para R$ 3,05, entrou em vigor no dia 25 de março e agravou os protestos no Sul do País.

No dia 4 de abril, a Justiça do Rio Grande do Sul concedeu uma liminar para suspender este aumento, mas as manifestações continuaram ganhando força. Em 15 de maio, grupos de Natal rearticularam o movimento Revolta do Busão, que havia começado em 2012, e, no dia 6 de junho de 2013, as manifestações em São Paulo começaram a assumir um caráter histórico.

Duas fases distintas caracterizaram as Jornadas de Junho, ambas organizadas pela Internet, por meio das redes sociais, com movimentos como o *Movimento Passe Livre* (MPL) em São Paulo, a *Assembleia Popular Horizontal*, de Belo Horizonte, o *Fórum de Lutas Contra o Aumento das Passagens*, do Rio de Janeiro, e o movimento Revolta do Busão. Todos unidos pela mesma agenda de combater o aumento das tarifas do transporte urbano.

No início de 2011, manifestações incipientes em São Paulo contra o aumento na tarifa dos transportes públicos começam a tomar corpo.

Na primeira fase não houve ampla cobertura da imprensa, a participação popular foi pequena e aconteceram conflitos violentos entre os manifestantes e a polícia, em São Paulo e em outras capitais. Três mobilizações, nos dias 6, 7 e 11, novamente registraram violência, o que resultou no ferimento de alguns participantes do ato e policiais.

Na quinta-feira desta mesma semana, dia 13 de junho, os protestos maciços espalharam-se de São Paulo para outras cidades, chegando a Natal, Porto Alegre, Teresina, Maceió, Rio de Janeiro, Sorocaba, entre muitas outras. Ainda no dia 13, dez mil pessoas protestaram em Fortaleza contra o abandono das políticas de segurança pública e a explosão da criminalidade no Ceará, porém, sem confrontos.

A "Batalha" da Consolação e o ataque aos olhos da imprensa

Já em São Paulo, a repressão da Tropa de Choque da Polícia Militar deixou muitos feridos nesta data, incluindo profissionais da imprensa, e mais de duzentas pessoas foram detidas para averiguação na região da Avenida Paulista com a Rua da Consolação.

Giuliana Vallone, jornalista do jornal *Folha de São Paulo*, não perdeu a visão do olho direito porque, segundo o médico que a atendeu, estava usando os seus óculos quando foi alvejada na face por uma bala de borracha.

"Eu já tinha saído da zona de conflito principal, na (Rua da) Consolação, onde já havia sido ameaçada por um policial por estar filmando a violência, quando fui atingida. Estava na Augusta, com pouquíssimos manifestantes na rua. Tentei ajudar uma mulher perdida no meio do caos e coloquei-a para dentro de um estacionamento. O Choque havia voltado ao caminhão que os transportava. Fui checar se tinham ido embora, quando eles desceram de novo", escreveu Vallone em um relato que foi publicado na sua página do Facebook alguns dias após o incidente.

"Não vi nenhuma manifestação violenta ao meu redor, não me manifestei de nenhuma forma contra os policiais, estava usando a identificação da *Folha* (de São Paulo) e nem sequer estava gravando a cena. Vi o policial mirar em mim e no querido colega Leandro Machado e atirar. Tomei um tiro na cara. O médico disse que os meus óculos possivelmente salvaram o meu olho", contou a jornalista.

Sérgio Silva, fotojornalista profissional que também estava trabalhando cobrindo as manifestações do MPL no dia 13 de junho, não teve a mesma sorte. Ele foi atingido por uma bala de borracha e perdeu a visão do olho esquerdo.

"Infelizmente, pouco se fala das consequências daquela manifestação e daquela repressão à manifestação do ponto de vista das vítimas, das vítimas que tiveram consequências físicas brutais, como é o meu caso, de uma perda de uma capacidade de enxergar", disse o fotógrafo em entrevista publicada pelo site G1 no dia 13 de junho de 2018, cinco anos após o ocorrido.[35]

Um estudo apresentado em 2014 pela ONG internacional de direitos humanos Article 19, que trabalha pela defesa e pela garantia do direito à liberdade de expressão, demonstrou que 837 pessoas foram feridas no Brasil em 2013, em decorrência da atuação da polícia durante as manifestações daquele ano.[36]

---

[35] TOMAZ, Kleber; ARAÚJO, Glauco. Após 5 anos, fotógrafo cego pela PM diz que "pouco se fala" sobre os mais de 800 feridos no Brasil nos protestos de 2013. *G1 SP*, 13 jun. 2018. Disponível em: <https://g1.globo.com/sp/sao-paulo/noticia/apos-5-anos-fotografo-cego-pela-pm-diz-que-pouco-se-fala-sobre-os-mais-de-800-feridos-no-brasil-nos-protestos-de-2013.ghtml>. Acesso em: 10 dez. 2018.

[36] Produzido pela ARTIGO 19, o relatório *Violações à Liberdade de Expressão* compilou violações ocorridas em todo o Brasil contra comunicadores e defensores

Fatos como estes e os relatos dos veículos de comunicação esquentaram ainda mais o clima político e houve um crescimento exponencial do número de participantes nos protestos.

A segunda fase das Jornadas de Junho foi marcada por manifestações majoritariamente pacíficas, com grande cobertura midiática e intensa participação da "classe média" brasileira (TOP 10%). No dia 17 de junho, segunda-feira, cerca de trezentos mil brasileiros saíram às ruas para protestar em doze cidades espalhadas pelo Brasil. Entretanto, a questão do transporte público começava a sair da pauta por ter sido atendida em várias cidades. Muitas capitais conseguiram a reversão dos valores das passagens, mas, em São Paulo e no Rio de Janeiro, o anúncio, que foi feito no dia 19 de junho, trazia um tom ameaçador, quando os governantes disseram que a medida afetaria outras áreas, como a saúde e a educação.

---

de direitos humanos em 2013. Ver: ARTIGO 19. *ARTIGO 19 lança relatório "Violações à Liberdade de Expressão"*, 30 abril 2014. Disponível em: <https://www.article19.org/pt-pt/resources/brazil-latest-annual-report-crimes-free-expression-launched/>. Acesso em: 10 dez. 2018.

Antes do início da Copa do Mundo de Futebol FIFA, em março de 2014, os protestos apresentavam reivindicações difusas e o antipetismo crescia a passos largos.

20 de junho de 2013

Finalmente, no dia 20 de junho de 2013, as manifestações assumiram outro tamanho e proposta. Os temas se tornaram muito menos focados na questão do transporte e começaram a surgir pautas que variavam entre as PECs 33[37] e 37,[38] a "cura gay", a qualidade do ensino e da educação, gastos com a Copa das Confederações FIFA, de 2013, e com a Copa do Mundo FIFA, de 2014, o fim da corrupção etc. Nesta data, houve um pico de mais de 1,4 milhão de pessoas nas ruas em mais de 120 cidades pelo Brasil.

O que começou como um ato para contestar os aumentos nas tarifas de transporte público, principalmente nas maiores metrópoles, havia se transformado no movimento que reuniu o maior nível de atividade social registrado desde as Diretas Já. Vivenciar aquela atmosfera como jornalista e pesquisador foi um momento importante, ainda que a maioria da população não soubesse explicar exatamente o que estava demandando.

As Jornadas de Junho chegaram a contar com até 84% de simpatia dos brasileiros, de acordo com uma pesquisa do Ibope,

---

[37] Proposta de Emenda Constitucional 33/2011, abreviada como PEC 33, foi um projeto de lei que visava a intervir na forma como é exercido o controle de constitucionalidade das leis no Brasil ao submeter as decisões do Supremo Tribunal Federal ao controle pelo Congresso Nacional. O autor foi o deputado Nazareno Fonteles, do PT do Piauí nesta ocasião. Ver também: CÂMARA DOS DEPUTADOS. PEC 33/2011 *Inteiro teor Proposta de Emenda à Constituição.* 25 MAIO 2011. Disponível em: <https://www.camara.leg.br/proposicoesWeb/prop_mostrarintegra?codteor=876817&filename=PEC+33/2011>. Acesso em: 14 dez. 2018.

[38] Proposta de Emenda Constitucional 37/2011, abreviada como PEC 37, foi um projeto legislativo brasileiro que pretendia emendar a Constituição brasileira para incluir a apuração de investigações criminais como atividade privativa da polícia judiciária. O autor foi o deputado Lourival Mendes, que era do PTdoB do Maranhão nesta ocasião. Ver também: CÂMARA DOS DEPUTADOS. PEC 37/2011 *Inteiro teor Proposta de Emenda à Constituição.* 8 jun. 2011. Disponível em: <https://www.camara.leg.br/proposicoesWeb/prop_mostrarintegra?codteor=969478&filename=PEC+37/2011>. Acesso em: 14 dez. 2018.

feita a pedido da OAB (Ordem dos Advogados do Brasil) e divulgada no dia 6 de agosto de 2013.

O trabalho indicou também que apenas 14% dos entrevistados eram contrários às manifestações, 1% dos brasileiros eram indiferentes aos protestos e 1% não souberam opinar. Para chegar ao resultado, o instituto entrevistou 1.500 pessoas com mais de 16 anos, entre os dias 27 e 30 de julho de 2013 em todo o País. Essa energia era perceptível no ar, nas rodas de amigos, nos bares e nos locais públicos em geral naquele momento.[39]

Ainda de acordo com esta investigação, quanto mais alto era o grau de estudo, maior era o apoio dos brasileiros: 93% dos entrevistados com nível superior eram favoráveis às manifestações. Entre os que possuíam o ensino médio, foram 89%. A aprovação também aumentava conforme crescia o rendimento do entrevistado: 91% dos que tinham renda familiar acima de dez salários (R$ 6.780 na ocasião) eram favoráveis aos protestos. Outro recorte, que considerou a faixa etária, mostrou que os jovens foram os principais apoiadores da causa: 90% dos que tinham entre 16 e 24 anos incentivaram a iniciativa popular.

Motivos para as manifestações

Segundo a pesquisa, a revolta (opinião de 37% dos entrevistados) e a sensação de abandono e descaso dos governantes (opinião de 32% dos entrevistados) foram os principais aspectos citados pela população como motivos para ir às ruas.

Apesar disso, avaliando as fotos e os registros em vídeo que fiz em meio à multidão durante as Jornadas de Junho, é difícil estabelecer com precisão o que as pessoas demandavam de fato,

[39] R7 Notícias. *Manifestações agradam a 84% dos brasileiros, diz pesquisa Ibope*. 6 ago 2013. Disponível em: <https://noticias.r7.com/brasil/manifestacoes-agradam-a-84-dos-brasileiros-diz-pesquisa-ibope-06082013>. Acesso em: 15 dez. 2018.

tamanha a amplitude das exigências contidas nos dizeres lançados pelos cartazes.

No dia 20 de junho de 2013, por volta de 15h30, saindo da estação Faria Lima do Metrô, em São Paulo, para cobrir as manifestações, dois garotos, com idades ente 17 e 19 anos, me chamaram a atenção. Um deles estava com um cartaz escrito "O MUNDO SE MANIFESTANDO E VOCÊ ACHA QUE É SÓ POR 00.20". O outro estava com o rosto pintado de verde e amarelo.

Após pedir para realizar o registro, tirei a foto e perguntei para eles do que se tratava aquela ideia. O garoto que segurava a placa me disse:

— O mundo está mudando. As pessoas estão mudando.

— Como? — questionei novamente.

Ele sorriu e complementou:

— Eu não sei exatamente. Acho que ninguém sabe.

"A democracia representativa está em crise no mundo. Os novos meios de comunicação colocaram em cheque a situação de um representante falar em nome de um representado. Isso porque hoje você sabe em tempo real o que está se votando, as pessoas ganharam um protagonismo maior, direto e, portanto, começam implicitamente a questionar a sua não participação direta na formulação das políticas públicas",[40] diz José Eduardo Cardozo, advogado e ex-ministro da Justiça do governo Dilma Rousseff.

"Além disso, o processo de globalização também coloca em cheque o Estado Nacional, que é, evidentemente, o ponto de partida para a formulação do Estado de Direito, porque foi a partir do Estado Nacional que surgiu a dimensão do Estado de Direito. Esse modelo de Estado está em crise no mundo",[41] reforça Cardozo.

[40] Entrevista concedida ao autor no dia 16 de novembro de 2018.

[41] Ibid.

A democracia representativa e o atual modelo de estado estão em crise em basicamente todo o planeta. Foto: Cesar Calejon.

Segundo um estudo publicado em 2013 pela Economist Intelligence Unit, empresa britânica do Economist Group que fornece serviços de previsão e consultoria por meio de pesquisa e análise, Brasil, Argentina, Armênia, Índia, Espanha, Itália, Turquia, Egito e pelo menos outros vinte países tiveram grandes protestos naquele ano.

Intitulado *Rebels without a Cause: What the upsurge in protest movements means for global politics* (Rebeldes sem Causa: o que o surto de movimentos de protesto significa para a política global),[42] o trabalho foi elaborado com base em observações de manifestações que aconteceram nessas nações entre 2012 e 2013.

O prefácio do documento avança o seguinte raciocínio:

"Das revoluções árabes aos movimentos Occupy, houve um aumento nos protestos populares nos últimos dois anos (2012 e 2013). A recessão econômica, a fome, a pobreza, a repressão política e a corrupção desempenharam o seu papel no fomento da agitação social. De fato, tais fontes universais de descontentamento sempre serão poderosos condutores de mudança política. Contudo, parece que estamos testemunhando uma nova tendência no surgimento de movimentos de protesto difusos e menos focados. Estes são orquestrados de forma pouco organizada, mobilizam-se rapidamente por meio das redes sociais e, o que é mais importante, carecem de uma agenda ou manifesto coerentes. Em vez de se envolver em debates políticos sobre alternativas ao *status quo*, esses movimentos de protesto de novo estilo parecem principalmente expressar a desilusão com as elites políticas e empresariais. Mesmo (ou talvez especialmente) nas democracias, há uma sensação de que os interesses de grupos específicos capturaram o sistema político. Este ensaio — Rebeldes sem causa: o que o surto de movimentos de protesto significa

---

[42] THE ECONOMIST INTELLIGENCE UNIT. *Rebels Without a Cause: What the upsurge in protest movements means for global politics*. 2013. Disponível em: <http://archive.battleofideas.org.uk/documents/RebelsWeb.pdf>.

para a política global — explora essa tendência, analisa o que é específico e novo sobre os protestos modernos e extrai as consequências para futuros desenvolvimentos políticos globais."[43]

"Vamos lembrar que, em 2013, nós (Brasil) não estávamos em uma crise econômica ainda. As manifestações (Jornadas de Junho) tinham bandeiras completamente distintas e, às vezes, até divergentes. As pessoas foram às ruas para demandar mais verbas para a educação, tarifa zero para os transportes coletivos, mais autonomia ao Ministério Público etc. Havia um descontentamento com as instituições. Isso era muito visível. E na época, houve um estudo do IPEA (Instituto de Pesquisas Econômicas Aplicadas) muito interessante, que mostrava que o mau humor do Brasil também era alimentado pela inversão social rápida que havia ocorrido ao longo da última década",[44] ressalta Cardozo.

"Milhões de pessoas que saíram da linha da miséria e acessaram a classe média queriam consumir. Se por um lado isso dava uma nova dimensão ao mercado, por outro trazia uma irritação profunda daquela classe média que viu os outros ascenderem sem que eles também tivessem ascendido. Então, você tinha o mau humor das pessoas que começaram a encontrar os aeroportos lotados, que andavam de carro de forma mais tranquila nas ruas e o trânsito começou a ficar ainda mais entupido por conta dos carros que foram comprados por quem antes não poderia. Isso gerou uma irritação por parte de quem já era classe média e não gostou ou se sentiu rebaixado porque outros estavam subindo. Por outro lado, aqueles que subiam também não

---

[43] THE ECONOMIST INTELLIGENCE UNIT. *Rebels Without a Cause: What the upsurge in protest movements means for global politics*. 2013. Disponível em: <http://archive. battleofideas.org.uk/documents/RebelsWeb.pdf>.

[44] Entrevista concedida ao autor no dia 16 de novembro de 2018. Ver também: Moradores de área nobre temem "mistura de classes" com prédio popular. *Folha de São Paulo*. Disponível em: <https://www1.folha.uol.com.br/cotidiano/2015/06/1638686-moradores-de-area-nobre-temem-mistura-de-classes-com-predio-popular.shtml>. Acesso em: 20 jan. 2019.

tinham tudo o que queriam, porque muitas vezes eles possuíam o dinheiro para comprar, mas os produtos ou serviços estavam esgotados ou saturados",[45] acrescenta o jurista.

Oportunismo político para catalisar uma crise de Estado por meio da imprensa

"Esse mau humor social agravou a crise de representação de 2013. Alguns setores de comunicação e políticos viram em 2013 a oportunidade de atacar o governo do PT (Partido dos Trabalhadores), que já se encaminhava para o quarto mandato seguido. Esses setores do vale-tudo da política, embora fossem defensores da democracia, perceberam naquelas manifestações uma oportunidade de desestabilizar o governo, porque não há governo que não seja imputado quando existem manifestações daquela amplitude, ainda que as reivindicações não sejam diretamente contra o governo, mas contra o sistema",[46] explica Cardozo.

"Nesta ocasião, você via a imprensa e as redes de televisão bancando as manifestações, convocando as pessoas e dizendo 'venha para as ruas', como se aquele fosse um dia de glória. Fazendo chamadas e convocações mesmo para pautas totalmente difusas. Então, ali você tinha um componente de descrença da representação política, outro de mau humor, em decorrência da interação social que havia ocorrido, e um terceiro de oportunismo político de setores que queriam o fim do governo do PT, principalmente os setores tucanos, que acharam que poderiam surfar essa onda e acabaram se arrebentando no processo",[47] complementa o ex-ministro.

[45] Entrevista concedida ao autor no dia 16 de novembro de 2018.

[46] Ibid.

[47] Ibid.

Junho de 2013. Centro de São Paulo. As reivindicações da população ainda eram absolutamente difusas.

3

A ENTROPIA DO SISTEMA POLÍTICO BRASILEIRO DE 2014

"A partir daquele ponto (eleições de 2014), foi uma escalada, uma espiral."
- Cláudio Gonçalves Couto

A entropia é uma medida da termodinâmica utilizada para mensurar o grau de irreversibilidade de um sistema ou de um processo. O termo entropia vem do grego *entropêe* e significa "em mudança".

O exemplo clássico para explicar o conceito é o cubo de gelo dentro do copo. Ao derreter, a estrutura do cubo, que anteriormente apresentava maior rigidez e estabilidade, torna-se líquida. Com o derretimento, o cubo de gelo se transforma em água, mas a água não volta a se tornar um cubo de gelo neste processo. Este nível de irreversibilidade contido em certa reação sistêmica é o que a entropia afere.

Naturalmente, o processo de mudança que vai alterar um sistema de forma irreversível e iniciar a entropia sempre começa em algum momento. Durante as primeiras décadas do século XXI, este ponto inicial da entropia do sistema político brasileiro pode ter sido a eleição presidencial de 2014.

Tasso Jereissati, quando senador da República Federativa do Brasil e ex-presidente nacional do PSDB, afirmou, em entrevista ao jornal *O Estado de São Paulo*, no dia 13 de setembro de 2018, que "o partido (PSDB) cometeu um conjunto de erros memoráveis".[48]

"O primeiro foi questionar o resultado eleitoral. Começou no dia seguinte (à eleição de 2014). Não é da nossa história e do nosso perfil. Não questionamos as instituições, respeitamos a democracia. O segundo erro foi votar contra princípios básicos nossos, sobretudo na economia, só para ser contra o PT. Mas o grande erro, e boa parte do PSDB se opôs a isso, foi entrar no governo Temer. Foi a gota d'água, junto com os problemas do Aécio (Neves). Fomos engolidos pela tentação do poder",[49] admitiu Jereissati à reportagem do jornal.

---

[48] VENCESLAU, Pedro. Tasso Jereissati: "Nosso grande erro foi ter entrado no governo Temer". *O Estado de São Paulo*, 13 set. 2018. Disponível em: <https://politica.estadao.com.br/noticias/eleicoes,nosso-grande-erro-foi-ter-entrado-no-governo-temer,70002500097>. Acesso em: 14 dez. 2018.

[49] Ibid.

Em 2014, a maior e mais coesa campanha político-midiática já realizada no Brasil contra basicamente todos os partidos que se identificavam à esquerda do espectro ideológico, mas, de forma mais sistemática e agressiva contra o ex-presidente Luiz Inácio da Silva e contra o PT como partido, estava prestes a mudar o cenário político do País.

Os ataques contra Lula tinham o objetivo claro de caracterizá-lo como um monstro inescrupuloso. Um bandido que comandava a maior organização criminosa do Brasil. Contudo, vamos examinar esta questão de forma mais cuidadosa e científica nos próximos capítulos.

"Adversários políticos do PT utilizaram erros e equívocos individuais de petistas — por mais graves que possam ter sido — para carimbar o PT e toda a esquerda como uma organização criminosa. Ou seja, setores que tinham um comprometimento democrático utilizaram esta estratégia e foram apoiados por setores da mídia. Eles achavam que isso tinha que ser feito sob pena de o PT permanecer no poder por muito tempo",[50] garante José Eduardo Cardozo.

"Então, você acabou tendo dois pesos e duas medidas, porque quando um petista no governo praticava um erro, um desvio indevido, alguma situação ilícita, isso era atribuído ao PT generalizadamente. Mas, quando os tucanos, como o Aécio Neves ou outros governadores, por exemplo, cometiam um ilícito, isso era tratado individualmente e não como algo atribuível ao PSDB. Diversos governadores tucanos foram acusados de coisas pesadíssimas e, no entanto, ninguém se referia ao PSDB como organização criminosa. Essa foi uma estratégia de comunicação dos nossos adversários que nós não soubemos como responder. Foi um massacre midiático que começou, efetivamente, em 2005",[51] ressalta Cardozo.

[50] Entrevista concedida ao autor no dia 16 de novembro de 2018.

[51] Ibid.

"Fomos engolidos pela tentação do poder", disse, em 2018, o então senador e ex-presidente nacional do PSDB, Tasso Jereissati, em entrevista ao jornal O Estado de São Paulo. Aécio Neves (centro), durante a pré-estreia do documentário sobre a vida de seu avô, o político Tancredo Neves. Também compareceram à sessão, o então governador de São Paulo, Geraldo Alckmin (esq.), e o ex-governador e atual senador José Serra (dir.), todos políticos do PSDB, acompanhandos do ex-jogador de futebol Ronaldo Nazário.

Aécio Neves, candidato derrotado à presidência da república pelo PSDB, na festa de 1o de maio de 2014 da Força Sindical, na praça Campo de Bagatelle, em São Paulo. Aécio foi recebido pelo então deputado federal Paulinho da Força e pelos personagens "Dilma Duchefe" e "Silvio", do programa humorístico Pânico, da Rede Bandeirantes.

Neste cenário, ele acredita que o descrédito do PT influenciou também o descrédito da própria política em alguma medida. "O atingimento de uma força política com a densidade social que o PT tem — porque mesmo após todo este cenário, o partido ainda formou a maior bancada (parlamentar) do Congresso Nacional (2019) —, desacredita as instituições. Houve uma demonização das forças políticas à esquerda e um descrédito da própria institucionalidade. O descrédito do PT, até certo ponto, passa a ser o descrédito da política e isso cria as condições ideais para o impeachment de Dilma, para a prisão de Lula e para o fortalecimento de toda uma veia fascista e autoritária, que foi, posteriormente, expressa na candidatura de Jair Bolsonaro",[52] resume o ex-ministro da Justiça.

A eleição presidencial de 2014

No dia 27 de outubro de 2014, Dilma Rousseff foi eleita com 54.501.118 votos (51,64% do total válido) contra 51.041.155 votos (48,36%) recebidos por Aécio Neves. Uma diferença de 3.459.963.[53]

"A eleição de 2014 ultrapassou os limites do que é razoável do ponto de vista do enfrentamento político. Aquela campanha demolidora com relação à Marina Silva, eu acho que

[52] Ibid.

[53] Curiosamente, no dia 15 de setembro de 2018, três semanas antes do primeiro turno das eleições presidenciais, 3,6 milhões de brasileiros tiveram os seus títulos eleitorais cancelados por não fazer o cadastro biométrico). Ver também: VELASCO, Clara; SARMENTO, Gabriela. 3,6 milhões de brasileiros tiveram título cancelado por não fazer o cadastro biométrico. *G1*, 15 set. 2018. Disponível em: <https://g1.globo.com/politica/eleicoes/2018/eleicao-em-numeros/noticia/2018/09/15/mais-de-36-milhoes-de-brasileiros-tiveram-titulo-cancelado-por-nao-fazer-o-cadastro-biometrico.ghtml>. Acesso em: 18 dez. 2018.

passou muito do ponto. O principal erro, no meu entendimento, por parte do PT, foi exatamente não respeitar, naquele momento, estes limites que são necessários na disputa política. Naquela ocasião, estes limites foram muito claramente ultrapassados. Este é um aspecto a ser considerado",[54] pondera Cláudio Gonçalves Couto, doutor em Ciência Política pela Universidade de São Paulo.

Marina Silva respondeu aos ataques. "Nesse momento, estão usando os mesmos preconceitos (que foram usados contra o ex-presidente Lula) contra mim. Talvez pelo fato de ser uma pessoa de origem humilde, filha de seringueiro, negra, tendo sido analfabeta até os 16 anos, uma pessoa que tem uma trajetória de vida que permite àqueles que usam do conceito como ferramenta política para fazer a desqualificação",[55] disse a então candidata à Presidência da República por meio de um manifesto publicado na ocasião.

"O outro ponto de inflexão desta eleição", prossegue Couto, "foi a contestação do PSDB considerando o resultado das eleições, porque até o Aécio (Neves) declarou posteriormente que foi só para 'encher o saco'. Quando você faz aquilo, você lança dúvidas sobre a própria legitimidade do processo eleitoral. Na ocasião, eu escrevia uma coluna para o (jornal) *Estadão*, na qual eu disse que isso era uma postura de mau perdedor, o que é sempre muito ruim. Isso contribuiu muito decisivamente para deteriorar o cenário político naquele contexto. A partir daquele ponto, foi uma escalada, uma espiral. Em março de 2015, ou seja, apenas três meses após as eleições, já se falava em impeachment, embora não se soubesse

---

[54] Entrevista concedida ao autor no dia 22 de janeiro de 2019.

[55] MACEDO, Letícia. Marina Silva diz que sofre campanha "desleal" feita por PT e PSDB. *G1 Eleições 2014*, 7 set. 2014. Disponível em: <http://g1.globo.com/sao-paulo/eleicoes/2014/noticia/2014/09/pt-e-psdb-estao-em-uma-campanha-desleal-contra-mim-diz-marina.html>. Acesso em: 18 dez. 2018.

muito bem qual seria o motivo",[56] explica o acadêmico da USP.

"Agora, claro que isso também tem a ver com um governo (Dilma) que era muito incompetente, tanto do ponto de vista da política econômica quanto do ponto de vista da gestão da sua coalizão. A Dilma conseguiu se desgastar com o Congresso (Nacional) de forma que poucos presidentes seriam capazes. Ela foi destruindo ao longo do primeiro mandato essa relação, assim como também destruiu a situação econômica e, quando começa o segundo mandato, ela resolve dar um cavalo de pau na economia, mas de forma a pagar o preço sem usufruir os benefícios que esta medida poderia ter oferecido",[57] acrescenta Couto. "Aí vai tudo para o vinagre de vez e se desenha a questão do que eu chamo de impeachment às avessas, porque a decisão já estava tomada antes de ter um motivo (para o impedimento de Dilma)",[58] complementa o professor.

[56] Entrevista concedida ao autor no dia 22 de janeiro de 2019.

[57] Ibid.

[58] Ibid.

Dilma Rousseff durante o debate presidencial do Sistema Brasileiro de Televisão em 2014.

4

LAWFARE E OS DANOS À SOBERANIA NACIONAL DO BRASIL

"O Sergio Moro é um jurista medíocre, mas que teve o acesso fundamental aos dados que as grandes empresas de tecnologia fornecem ao Departamento de Justiça dos Estados Unidos e a outras agências estadunidenses",
- Boaventura de Sousa Santos.

Esse capítulo foi inteiramente adicionado à segunda edição dessa obra por conta da relevância do tema para a ascensão do bolsonarismo no Brasil e de como as guerras jurídicas[59] comprometeram (e ainda podem aprofundar os danos) a soberania brasileira ao longo da última década.

O sociólogo português Boaventura de Sousa Santos, que é uma das principais referências para juristas e intelectuais de todo o mundo, afirma que o ativismo judicial (parte das guerras jurídicas) é um dos principais eventos sociológicos transnacionais do começo do século XXI. Ele destaca que, no caso brasileiro (Lava Jato), existe um componente fortíssimo de influência externa e cita algumas similaridades das ascensões de Jair Bolsonaro e Adolf Hitler, considerando a atuação da operação conduzida por Deltan Dallagnol, Sergio Moro e outros "paladinos no combate à corrupção", com o apoio de alguns dos principais veículos de comunicação e grupos empresariais do Brasil.

Dadas as devidas idiossincrasias de cada época, povo e ocasião histórica, a comparação entre o bolsonarismo e o nazismo é extremamente pertinente, principalmente considerando os símbolos que foram usados, os estragos civilizatórios que ambos os regimes acarretaram às suas respectivas nações e os processos de ativismo judicial que os precederam.

"Por que a Operação Lava Jato foi muito além dos limites das polêmicas que habitualmente surgem na esteira de qualquer caso proeminente de ativismo judicial?", questiona Boaventura no sexto capítulo da terceira edição do livro *Toward a New Legal Common Sense: Law, Globalization and Emancipation* (Cambridge University Press). "Permitam-me salientar que a semelhança com a investigação italiana, Mãos Limpas, tem sido frequentemente invocada para justificar a exibição pública e a agitação social causadas por este ativismo judicial. Embora as

[59] Sobre esse tema, leia o livro *Lawfare: uma introdução* (Contracorrente), de Rafael Valim, Cristiano Zanin e Valeska Martins.

semelhanças sejam aparentemente óbvias, há de fato duas diferenças bem definidas entre as duas investigações", prossegue o acadêmico.

Segundo ele, os magistrados italianos mantiveram o respeito escrupuloso pelo processo penal e aplicaram as regras que haviam sido estrategicamente ignoradas por um sistema judicial que não era apenas complacente, mas também cúmplice dos privilégios dos políticos governantes e das elites na política italiana após a Segunda Guerra Mundial.

Na ocasião da operação Mãos Limpas, os juristas procuraram aplicar o mesmo zelo na investigação dos crimes cometidos pelos dirigentes dos vários partidos políticos. Eles assumiram uma posição politicamente neutra justamente para defender o sistema judiciário dos ataques a que esse certamente é submetido quando atua com intenções político-partidárias.

"Essa é a própria antítese do triste espetáculo que atualmente oferece ao mundo um setor do sistema judiciário brasileiro. O impacto causado pelo ativismo dos magistrados italianos passou a ser denominado República dos Juízes. No caso do ativismo do setor associado à Lava Jato, talvez fosse mais correto falar de uma república judiciária da banana. (...) É evidente que esses juízes de Curitiba são medíocres em termos intelectuais. Basta avaliar os seus trabalhos e as suas teses. O Sergio Moro é um jurista medíocre, mas que teve o acesso fundamental aos dados que as grandes empresas de tecnologia fornecem ao Departamento de Justiça dos Estados Unidos e outras agências estadunidenses. Fundamentalmente, para quebrar a economia brasileira e as empresas que competiam com as companhias estadunidenses"[60], complementa Boaventura.

Ainda de acordo com o professor, a influência externa que está claramente por trás da Lava Jato estava amplamente ausente

[60] Entrevista concedida ao autor no dia 9 de janeiro de 2021. Disponível em: https://www.youtube.com/watch?v=hwa4Y1BlKdY.

no caso italiano. Essa influência foi o elemento que organizou a seletividade flagrante de tal procedimento investigativo e acusatório. O fato é que a Operação Lava Jato foi extremamente parcial de forma a envolver as lideranças do PT (Partido dos Trabalhadores).

Na página 386 do seu novo trabalho, Boaventura argumenta que a Lava Jato tem menos semelhanças com a operação Mãos Limpas do que com o processo judicial que precedeu a ascensão do nazismo, após o fim da primeira guerra mundial na Alemanha.

"A Operação Lava Jato tem mais semelhanças com outro processo de ativismo judicial, que ocorreu na República de Weimar após o fracasso da revolução alemã de 1918. A partir daquele ano, e em um contexto de violência política originada tanto na extrema esquerda quanto na extrema direita, os tribunais alemães mostraram uma chocante demonstração de dois pesos e duas medidas, punindo com severidade o tipo de violência cometida pela extrema esquerda e mostrando grande leniência com a violência da extrema direita – a mesma direita que em poucos anos colocaria Hitler no poder. No Brasil, isso levou à eleição de Jair Bolsonaro", escreve o autor, que, neste parágrafo, cita o livro A Ascensão do Bolsonarismo no Brasil do Século XXI como referência bibliográfica sobre o bolsonarismo.

"A credibilidade do sistema judicial do Brasil foi tremendamente corroída pela manipulação grosseira a que esse foi submetido. Mas este é um sistema internamente diverso, com um número significativo de magistrados que entendem que a sua missão institucional e democrática consiste em respeitar o devido procedimento e falar exclusivamente no âmbito do processo", pondera Boaventura.

Por fim, ele avalia que "(...) a grosseira violação desta missão, exposta pela Vaza Jato (Car Leak), está forçando as organizações profissionais a se distinguirem dos amadores. Uma recente declaração pública da Associação Brasileira de Juízes pela

Democracia, chamando o ex-presidente Lula da Silva de prisioneiro político, é um sinal promissor de que o sistema judiciário está se preparando para recuperar a credibilidade perdida."[61]

Em março de 2021, o Supremo Tribunal Federal votou a suspeição de Moro e reconheceu que o ex-juiz e ex-ministro da gestão Bolsonaro fora parcial no exercício das suas funções durante o caso que tornou o ex-presidente Lula inelegível em 2018.

Iniciada em 17 de março de 2014, a Operação Lava Jato – conluio jurídico-midiático conduzido por Sergio Moro, Deltan Dallagnol e seus promotores, instituições estrangeiras e alguns dos principais veículos de comunicação, grupos empresariais e partidos políticos do Brasil – foi evidentemente orquestrada pelo imperialismo informal estadunidense, conforme ficou claro para toda a população brasileira alguns anos depois.

Com base no trabalho dos advogados Rafael Valim, Cristiano Zanin e Valeska Martins, esse capítulo explica de forma absolutamente simples o que são as guerras jurídicas (*lawfare*) e como elas afetaram brutalmente a soberania brasileira ao longo da última década, o que pode acontecer recorrentemente nos próximos anos.

Conforme mencionado, o caso de ativismo judicial mais proeminente do Brasil, a infame operação Lava Jato, distingue-se, fundamentalmente por um aspecto, de outros casos clássicos que foram caracterizados pelo "uso estratégico do direito para fins de deslegitimar, prejudicar ou aniquilar um inimigo" (definição do conceito *lawfare* e que também abrange o ativismo judicial): a influência externa dos Estados Unidos.

As conversas dos promotores e do ex-juiz Sergio Moro detalham a sordidez e a falta de escrúpulo jurídico da Lava Jato[62] e demonstram, minuciosamente, como as instituições dos Estados

---

[61] Santos, 2020.

[62] Veja a série de reportagens intitulada Vaza Jato, do veículo The Intercept. Disponível em https://theintercept.com/2020/01/20/linha-do-tempo-vaza-jato/

Unidos se envolveram diretamente no sentido de cooptar, treinar, instruir e oferecer dados secretos (que foram obtidos por meio dos gigantes da tecnologia) a agentes do estado brasileiro para que estes cometessem atos de sedição, influenciando os rumos das searas econômica e geopolítica do Brasil em detrimento da própria pátria e a favor dos interesses estadunidenses.

Valim, que é jurista, professor e co-autor do livro *Lawfare: uma introdução* (Contracorrente), aponta três dimensões estratégicas fundamentais das guerras jurídicas: (1) a geografia, (2) o armamento e (3) as externalidades, cada qual com as suas táticas correspondentes.

Como em qualquer conflito – e as guerras jurídicas são contíguas às guerras híbridas, aos estados de exceção e ao ativismo judicial como uma evolução das guerras tradicionais –, dominar o terreno no qual a batalha se desenrolará é um ponto nevrálgico para conquistar a vitória.

A dimensão seguinte, que diz respeito ao armamento usado nas guerras jurídicas, tem como destaque o *Foreign Corruption Practices Act* (FCPA), a atuação da Comissão de Valores Mobiliários dos Estados Unidos (SEC) e do Tribunal de Vigilância de Inteligência Estrangeira dos Estados Unidos, por exemplo, invocando exatamente a narrativa que foi usada no Brasil ao longo dos últimos anos: o combate à corrupção.

"Desde 2016, ano denominado como a Era de Ouro do FCPA, dezenas de empresas – algumas delas brasileiras – formalizaram acordos com o Departamento de Justiça dos Estados Unidos e/ou com a SEC (Comissão de Valores Mobiliários dos Estados Unidos) em conseqüência de operações de *enforcement* do FCPA"[63], ressalta Valim.

Ou seja, existem, atualmente, instituições e instrumentos que são usados em verdadeiras guerras jurídicas como armamento

[63] Entrevista concedida ao autor no dia 11 de março de 2021. Disponível em https://www.youtube.com/watch?v=Esye8wRUOfw.

para conferir aos Estados Unidos um poder extraterritorial de controle sobre empresas, estados e cidadãos de outros países. Ontem foi o Lula, amanhã pode ser você ou a sua empresa.

A terceira e última dimensão estratégica do *lawfare* trata das "externalidades": a participação da mídia em determinado processo, guerra de informações, operações psicológicas etc. Evidentemente, não se faz necessário ser doutor em semiótica para perceber como as atuações de alguns dos principais grupos midiáticos do Brasil foram fundamentais para estabelecer a narrativa de que o "PT quebrou o Brasil" e do antipetismo. Sem dúvidas, essas falácias viabilizaram a inelegilibidade e a prisão do ex-presidente Lula, passos que, por etapas, também foram fundamentais à ascensão do bolsonarismo.

As táticas correspondentes à primeira dimensão estratégica, nesse contexto, tratam de escolher a jurisdição mais adequada para avançar determinado processo junto a magistrados que estejam inclinados a deliberar a favor do que se é pretendido, basicamente. Existem diferentes neologismos que foram cunhados para endereçar esses conceitos de forma mais clara e eficaz: forum shopping, libel tourism e as manipulações das regras de competência. Nesse sentido, o debate nominalista é necessário, porque boa parte do jogo jurídico se dá com base em interpretação de leis que estão escritas. As palavras importam. Muito.

Considerando o armamento, os processos de *lawfare* atuam, geralmente, com "denúncias sem materialidade ou sem justa causa, excesso de prisões preventivas como forma de tortura para fins de delações premiadas, visando colaborações formais e informais de investigados e a utilização dessas delações para deslegitimar e aniquilar os inimigos, excesso de acusações em busca de acordos, o método das 'cenouras e do porrete', estados de exceção, entre outros instrumentos"[64], explica Valim. Qualquer semelhança com a Lava Jato não é mera coincidência.

[64] Ibid.

Relacionadas à terceira dimensão estratégica (externalidades) estão "a manipulação de pautas mobilizadoras para iniciar a perseguição ao inimigo, a promoção da desilusão popular por meio da influência da opinião pública e a utilização do Direito para fazer publicidade negativa contra determinado alvo"[65].

No início de março de 2021, um ministro da mais alta corte do Brasil disse, ao vivo em um programa de televisão, que daria ali um "furo" de informação sobre determinado processo. Parece óbvio que um magistrado dessa envergadura deveria manifestar-se exclusivamente no âmbito do processo. No Brasil, contudo, esses métodos acarretaram o sentimento de antissistema, o que desacreditou a política institucional e exacerbou conflitos de todas as ordens, em virtude da ausência do único processo mediador do caos social.

Portanto, o *lawfare* não está restrito ao caso Lula – o mais emblemático dos últimos anos em todo o planeta – e estende-se a diferentes dimensões da vida nacional de forma a ameaçar todo o arranjo social brasileiro (e a democracia) no começo do século XXI.

Empresários, políticos, escritores, poetas, jornalistas, editores, músicos, advogados ou quaisquer pessoas que, eventualmente, ousarem contrariar determinados interesses poderão ser vítimas das guerras jurídicas, o que, na prática, geralmente significa a falência financeira e a destruição total da reputação do indivíduo junto ao seu grupo social. Existem casos de suicídio, inclusive.

Assim, a imparcialidade do Poder Judiciário (e dos seus processos) é fundamental não somente para o ordenamento jurídico brasileiro, mas para toda a organização social que sustenta a composição da República. Sem a retidão dos juristas, resta o colapso social e o resultado, a essa altura, já é bem conhecido por boa parte do povo brasileiro.

[65] Ibid.

Os magistrados que prezam as suas respectivas biografias precisam encerrar, de uma vez por todas, as insanidades conduzidas pela Lava Jato – e por toda forma de guerra jurídica em diferentes áreas da vida social – bem como punir os seus perpetradores, para que processos similares sejam evitados, preservando assim a democracia e os valores que sustentarão basicamente todas as sociedades civis modernas (e a República Federativa do Brasil) não somente em 2022, mas ao longo desse século.

O *lawfare* contra Lula foi decisivo para catalisar a tempestade perfeita[66] que se formou entre os anos de 2020 e 2021 no Brasil.

A "classe média" como instrumento político das elites nacionais

Atualmente, é fundamental cooptar a "classe média" de cada nação para fazer a manutenção do tipo de imperialismo informal que os Estados Unidos avançam na América Latina, por exemplo.

Mas quem são as pessoas que formam as "elites" (política e econômica) e a "classe média" brasileira e por que essas parcelas da população são tão importantes para constituir o paradigma vigente no ideário coletivo?

As "elites" brasileiras abrangem um grupo restrito que varia entre 150 e 200 mil pessoas (que faturam algo em torno de R$ 188.925 e R$ 5 milhões) por mês e alguns pouquíssimos bilionários[67]. Em sua grande maioria, são cidadãos brancos, com ascendência européia, que começaram as suas carreiras profissionais após a conclusão do ensino superior e residentes nos metros quadrados mais caros do país. Apesar de ser extremamente forte nas searas econômica e política, esse grupo depende, diretamente, da "classe média" que vem abaixo para avançar as suas narrativas.

---

[66] Sobre esse tema, leia o livro *Tempestade Perfeita: o bolsonarismo e a sindemia covid-19 no Brasil* (Contracorrente, 2021).

[67] The World Inequality Report 2018.

Nessa altura da pirâmide social (e da hierarquia moral, conforme mencionado), a "classe média brasileira", aqui entre aspas porque, de fato, o Brasil jamais consolidou uma classe média de forma mais ampla, compreende um grupo de cerca de 15 milhões de pessoas com rendas entre R$ 7.425 e R$ 36.762 mensais. Assim, caso você ganhe menos do que R$ 15 mil por mês, a sua posição aponta para a "classe média baixa", mas, certamente, a sua profissão e cosmovisão do mundo interessa imensamente às camadas de cima.

Essa é a importância da "classe média" brasileira considerando a guerra contra o Brasil à qual se refere Jessé Souza: além de operacionalizar (seguindo as determinações das elites) toda a infraestrutura jurídica e de comunicação social da nação, essa parcela serve de exemplo para os milhões de brasileiros que vivem lutando contra a miséria e almejam ingressar na "classe média", introjetando, consequentemente, as suas tramas simbólicas de ideias e valores.

O colapso social e o caos absoluto que o Brasil vivenciou entre 2020 e 2021 são tanto resultado da covid-19 quanto dessas narrativas sociais, culturais e históricas que vêm sendo avançadas ao longo dos últimos cinco séculos e foram ainda mais agudizadas pela ascensão do bolsonarismo.

"Os Estados Unidos desenvolveram uma espécie de imperialismo informal, com o qual não é necessário invadir determinado país e ocupá-lo com forças militares, que foi (o método) clássico do colonialismo do século XIX, apesar de que Portugal, França e Espanha já cooptavam as elites dos locais que pretendiam dominar. Esse fator é extremamente importante para que essa classe atue contra o seu próprio povo. (...) Para a visão imperialista estadunidense, o Sul global não pode se desenvolver. Isso está entendido"[68], conclui o sociólogo.

[68] Entrevista concedida ao autor no dia 27 de março de 2021.

Na prática, isso significa que os países centrais do nosso atual arranjo geopolítico global (G7) e as grandes corporações (bancos e gigantes industriais transnacionais de várias verticais) utilizam essas novas formas de guerra para controlarem as moedas, o mercado e o fluxo de capital, as indústrias de alta tecnologia, a energia atômica, os principais veículos de imprensa (e o ideário popular), os assentos no Conselho de Segurança das Nações Unidas etc. Ou seja, para literalmente mandar no mundo, enquanto países como o Brasil, por exemplo, que têm um imenso arcabouço de recursos para desenvolver as suas potencialidades, ficam relegados a fornecer matéria-prima e produtos primários, o que gera um ciclo de dependência, miséria e submissão. O bolsonarismo serviu esse propósito hegemônico estadunidense de forma caninamente leal como nenhuma outra administração federal brasileira.

Contudo e fundamentalmente, esse controle é estabelecido por deliberação do povo dominado e esse é o aspecto mais triste da guerra contra o Brasil[69]: boa parte do nosso povo se entende submisso, avança essas narrativas internamente e pede para ser escravizado. Em inúmeras ocasiões, Bolsonaro reforçou esses parâmetros, verbalmente e sem qualquer pudor, conforme citado.

Em março de 2020, o presidente brasileiro disse: "Eu acho que não vai chegar a esse ponto (a situação brasileira em comparação a dos Estados Unidos considerando o número de mortes decorrentes da pandemia). Até porque o brasileiro tem que ser estudado. Ele não pega nada. Você vê o cara pulando em esgoto ali, sai, mergulha, tá certo? E não acontece nada com ele. Eu acho até que muita gente já foi infectada (pela covid-19) no Brasil, há poucas semanas ou meses, e ele já tem anticorpos que ajuda [*sic*] a não proliferar isso daí", afirmou.

[69] Sobre esse tema, leia o livro A guerra contra o Brasil, do sociólogo Jessé Souza.

Portanto, além de combater o vírus que provoca a covid-19, é preciso atacar o patógeno que celebra a ignorância e os elitismos históricos como formas de virtude organizacional, porque, ancorados nessas premissas, o empobrecimento subjetivo do Sul global e a racionalidade do neoliberalismo vem devastando os países que se encontram na periferia e na semi-periferira da geopolítica mundial.

Nesse sentido, o golpe parlamentar de 2016 contra a então presidenta Dilma Rousseff, cujas consequências reverberaram negativamente no país por muito tempo, foi o ato mais nefasto contra a soberania nacional e o povo brasileiro.

5

O IMPEACHMENT DE DILMA ROUSSEFF

"A Dilma é uma mulher forte,
que conhece muito as políticas
de Estado e que, muitas vezes,
pagou um preço muito alto por ser
intransigentemente honesta."
- José Eduardo Cardozo

O projeto de impeachment de Dilma Rousseff em 2016 abalou as instituições do Brasil de forma que em outros países isso não aconteceu. A tal ponto, que depois do impeachment nada se recuperou direito do ponto de vista da institucionalidade brasileira. O (Poder) Executivo vagou na incerteza do governo Temer, o (Poder) Legislativo estava completamente desmoralizado e o (Poder) Judiciário ganhou um protagonismo que foi muito além do que efetivamente permite a Constituição do Brasil. Enfim, você tem com este impeachment uma desestruturação muito forte das instituições. Isso criou um ambiente de descrédito na política. Criou a ideia do vale-tudo: para que eu preciso de políticos? Políticos são removíveis facilmente. Governos podem ser removidos sem causa. Ou seja, vamos por meio do vale-tudo colocar ordem nesta bagunça. Esta 'ordem na bagunça' se associa com uma descrença nas instituições democráticas que, no Brasil, foi maximizada pelo impeachment de Dilma Rousseff",[70] conta Cardozo, que também participou diretamente de todo o processo de impedimento de 2016 como advogado particular de defesa de Dilma.

Após três anos consecutivos de ataques frontais por parte dos setores mais fortes da mídia e do empresariado brasileiro contra o PT, em 2016 o capital político do partido e dos seus membros estava seriamente comprometido junto a boa parte da opinião pública brasileira. Para piorar ainda mais o cenário para o PT, em 2015 o Brasil entrou em um intenso ciclo econômico recessivo, o que ofereceu o argumento ideal para explorar a ideia de que o "PT montou o maior esquema de corrupção da história e quebrou o Brasil".

Com a taxa de desemprego subindo e os ânimos cada vez mais acirrados, a única saída seria remover a chefe do Executivo com base nas acusações de que ela teria aprovado a emissão de

[70] Entrevista concedida ao autor no dia 16 de novembro de 2018.

créditos suplementares e cometido as "pedaladas fiscais" sem as devidas aprovações parlamentares, o que caracterizaria um crime de responsabilidade fiscal e daria margem legal ao processo de impedimento.

"Este é um momento muito complicado para vocês (brasileiros). Nenhum presidente, em qualquer sociedade democrática moderna, foi deposto por acusações tão frágeis. Com certeza, o que está acontecendo aqui não se trata de uma transição democrática", disse Patrick Bond, o renomado professor de economia política da Escola de Governança da Universidade de Witwatersrand Wits, em Joanesburgo, na África do Sul, para uma turma de alunos de pós-graduação em Relações Internacionais da Faculdade Getúlio Vargas (FGV), no dia 4 de junho de 2016.

Literalmente dois dias após o impedimento de Dilma, o Senado Federal do Brasil aprovou uma lei para permitir as "pedaladas fiscais", prática que também foi adotada pelos antecessores de Dilma (Lula e Fernando Henrique Cardoso), sem a necessidade de autorização do Congresso Nacional.[71]

[71] BRASIL ECONÔMICO. Dois dias após impeachment, Senado aprova lei que permite pedaladas fiscais. *IG São Paulo*, 2 set. 2016. Disponível em: <https://economia.ig.com.br/2016-09-02/lei-orcamento.html>. Acesso em: 20 dez. 2018.

José Eduardo Cardozo, ministro da Justiça do governo Dilma, após o término da sua aula de Direito na Pontifícia Universidade Católica (PUC-SP).

Após atender a alguns estudantes ainda em sala de aula, Cardozo desceu ao Pátio da Cruz para conceder a entrevista utilizada nesta obra. Abril de 2019.

Acima: Lula, Temer e Dilma. Prêmio da Revista Isto É. Dezembro de 2010. Na página ao lado: Em 2010, Lula foi eleito o Brasileiro da Década pela Revista Isto É. Nesta ocasião, a presidenta eleita, Dilma Rousseff, que também foi homenageada como a Brasileira do Ano, recebe os cumprimentos do então senador Aécio Neves.

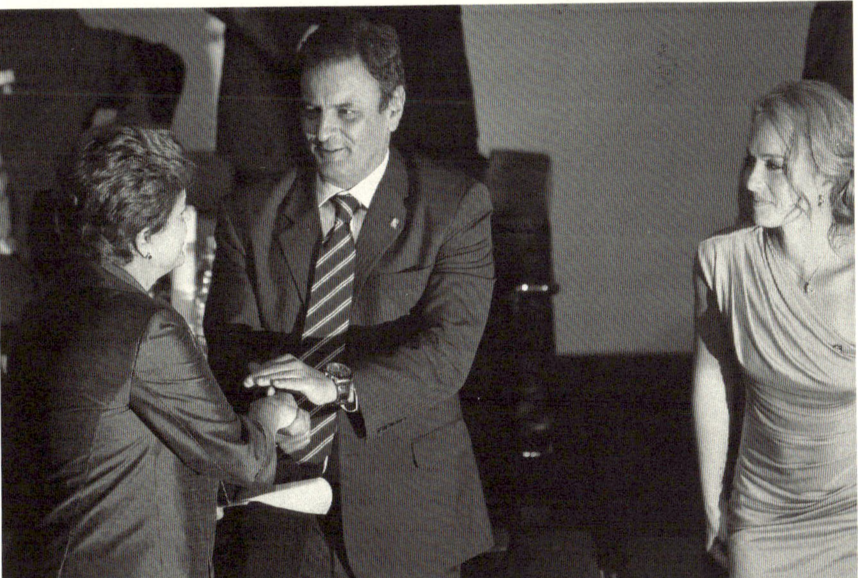

Manifestantes contrários ao governo Dilma Rouseff pedem o impedimento da presidente durante ato na Avenida Paulista, em março de 2016.

O processo de impedimento de 2016

Três juristas foram os proponentes do processo de impedimento de Dilma Rousseff, que tramitou entre 2 de dezembro de 2015 e 31 de agosto de 2016: Hélio Bicudo, Janaína Paschoal e Miguel Reale Júnior.

Bicudo faleceu, com 96 anos, no dia 31 de julho de 2018. No dia 13 de agosto de 2018, o filho dele, José Eduardo Pereira Wilken Bicudo, que é biólogo e professor honorário na Universidade de Wollongong, na Austrália, emitiu uma nota pública na qual afirmou que o pai não foi um dos fundadores do PT e que o "nome e a pessoa de Hélio Bicudo foram usados de maneira descarada por 'amigos de ocasião' para que ele coassinasse o tal pedido de impeachment".

Segue o texto deste relato na íntegra:

> *Logo após o falecimento de Hélio Bicudo, a família tomou conhecimento, pela direção do Colégio Santa Cruz (São Paulo, Capital), de uma carta confidencial que ele entregara no ano de 1970 ao padre Paul-Eugène Charbonneau para que esta fosse aberta pelo próprio Charbonneau, pelo padre Lionel Corbeil, diretor do colégio na época, ou pelo padre Paul Grenier, e que ela fosse enviada à imprensa caso ele morresse "acidentalmente" ou "desaparecesse".*
>
> *Foi escrita durante o período mais repressivo e sangrento da ditadura militar no Brasil (1968-1974), conhecido como "anos de chumbo". Li e reli várias vezes a carta escrita por meu pai e esta me fez retomar a ideia de que a vida das pessoas é repleta de equívocos e também, é claro, de acertos.*
>
> *A palavra "equívoco" normalmente é entendida como erro, mas também pode ser entendida no sentido de incorreção, dubiedade, ambiguidade, engano.*

Muitas vezes, quando queremos acertar, podemos cometer equívocos, e muitos acertos para uns podem ser entendidos como equívocos para outros, e vice-versa. No entanto, uma coisa é certa: a história contada com base em fatos inequívocos é implacável com aqueles equívocos entendidos como incorreções, dubiedades ou ambiguidades.

Hélio Bicudo morreu no dia 31 de julho passado e a mídia enviesada, conservadora e retrógrada não tardou a noticiar com os chavões de sempre: "Fundador do PT e um dos autores do pedido do Impeachment de Dilma Rousseff morre aos 96 anos de idade."

Essa mídia comete, de propósito, um equívoco, cujo sentido neste caso específico é o de "dúbio, ambíguo e enganoso" Não há desmentidos suficientes, inclusive feitos pelo próprio Hélio Bicudo, de que este nunca fora fundador do PT, que façam com que essa mídia deixe de caracterizá-lo como tal. Mas como a segunda parte do slogan só produz efeito quando precedida da primeira, por que não continuar martelando a primeira?

Com 93 anos na época do impeachment de Dilma Rousseff, o nome e a pessoa de Hélio Bicudo foram usados de maneira descarada por "amigos de ocasião" para que ele coassinasse o tal pedido de impeachment. Não entrarei no mérito da participação dele nesse processo, pois isso já foi feito exaustivamente no passado, inclusive com respeito aos alertas de que ele estava sendo usado por pessoas interesseiras e inescrupulosas.

O quanto ele se deixou levar por isso e o quanto foi fruto da sua própria vontade, pouco importa agora, embora possa ser assunto de interesse da "arqueologia psicológica". Num país de memória de curtíssimo prazo e no qual a história é quase sempre ignorada, inclusive para explicar os problemas enfrentados no presente, o slogan difundido para resumir os

96 anos de uma pessoa é, no mínimo, fruto da desonestidade intelectual que impera no Brasil.

Num país que viveu uma ditadura militar por mais de vinte anos e, hoje, na iminência de viver outra, é importante destacar que Hélio Bicudo, nos anos 1970, ou seja, durante o auge da ditadura militar, enfrentou não apenas os militares e governantes de plantão, mas também setores do próprio Ministério Público do qual era integrante, pondo em risco a sua própria vida, para lutar pelo resgate de princípios fundamentais da dignidade humana, completamente sufocados pelos donos do poder naquela época.

Essa sua luta se juntou à de várias outras pessoas e lideranças, culminando com a queda da ditadura militar e a reconquista das liberdades democráticas, em 1985. Essa postura firme de Hélio Bicudo pautou a maior parte da sua vida como procurador de justiça e militante dos direitos humanos no Brasil e no exterior. Assim, considero que o emblema que Hélio Bicudo carrega, como um dos autores do pedido de impeachment de Dilma Rousseff, é consequência de um equívoco da parte dele, no sentido de "erro ou engano", contradizendo, portanto, toda a importância e dimensão da sua própria contribuição no passado, para a queda do regime militar e o restabelecimento da democracia no Brasil.

A meu ver, infelizmente, Hélio Bicudo, ao se equivocar daquela maneira, não soube preservar o seu patrimônio histórico, acumulado durante a maior parte da sua vida. O resultado disso tudo ele não verá, mas uma coisa é inequívoca: em um passado não tão longínquo, Hélio Bicudo sabia muito bem de que lado da história se encontrava.

Finalmente, é importante destacar ainda outro aspecto da vida pública de Hélio Bicudo, não menos importante, mas pouco conhecido. No governo de Carvalho Pinto, como seu chefe de gabinete, Hélio Bicudo auxiliou, junto com a

comunidade acadêmica e científica do Estado de São Paulo, na criação da Fundação de Amparo à Pesquisa do Estado de São Paulo (FAPESP).
Fundada em 1962, a FAPESP é uma das mais bem-sucedidas iniciativas governamentais com respeito ao fomento à pesquisa científica e exemplo para o resto do Brasil, além de gozar de amplo prestígio internacional."

José Eduardo também escreveu uma carta para o ex-presidente Lula, na qual afirma:

> *Ninguém questiona aqui a legitimidade de meu pai ter toda a liberdade de pensar e dizer aquilo que bem entender. A questão que se põe não é esta, mas sim a maneira pela qual ele tem agido, causando espanto e temor àqueles que o conhecem bem. Suas recentes ações têm encorajado a aproximação de grupos de extrema direita, os quais têm se aproveitado da espantosa guinada na sua trajetória pessoal e política nos últimos dez anos para se promoverem à sua custa.*
> *A visão ciclotímica dos acontecimentos no nosso País, amplamente difundida pela mídia conservadora, apostando sempre na indigência intelectual e na falta de senso crítico, tem estimulado pessoas, as quais no passado o criticavam, a defendê-lo agora. Esquecem-se estas, porém, que a situação é muito mais complexa e delicada do que se imagina, exigindo certo grau de conhecimento e sensibilidade para compreendê-la no seu todo. Visões simplistas, difundidas na mídia, menosprezando a manifestação pública de familiares e amigos em relação às ações recentes de meu pai, não ajudam em nada e só servem para empobrecer ainda mais a discussão.*[72]

[72] MARTINS, Célio. Filho de Bicudo escreve carta para Lula. *Gazeta do Povo*, 21 out. 2015. Disponível em: <https://www.gazetadopovo.com.br/blogs/certas-palavras/filho-de-bicudo-escreve-carta-para-lula/>. Acesso em: 5 jan. 2019.

Hélio Bicudo durante entrevista coletiva organizada no dia 11 de setembro de 2015, em sua residência, para explicar o processo de impedimento de Dilma Rousseff.

Miguel Reale Júnior, que foi ministro da Justiça na gestão Fernando Henrique Cardoso, declarou o seu voto para o candidato Álvaro Dias (PODEMOS) em 2018, como "fruto do conhecimento e da reflexão", e cogitou organizar um pacto contra Bolsonaro e Haddad, com Henrique Meirelles (MDB), Geraldo Alckmin (PSDB), Marina Silva (REDE), João Amoedo (NOVO) e Álvaro Dias. "Um candidato só, mas um governo dos cinco", propôs Reale Júnior.

No dia 24 de agosto de 2018, o site O Antagonista publicou a seguinte afirmação do jurista:

"O radicalismo do Bolsonaro querendo jogar na latrina o ECA e desprezar o trabalho de ONGs é mais do que preocupante. Põe crianças a aprender a atirar. Acirra ódios. Peço que meditem sobre esse caminho fascista. O Paulo Guedes será o primeiro a ser demitido por quem votou contra o Plano Real, liberal só desde anteontem."[73]

Alguns dias antes do segundo turno das Eleições 2018, em entrevista ao Jornal da Manhã, da Rádio Jovem Pan, Reale Júnior já procurava entender "como um homem que não negociou com a sociedade em momento nenhum"[74] poderia governar. "(Bolsonaro) vai ter que governar sem que se saibam suas propostas",[75] disse.

A última jurista entre os três que assinaram o impedimento de Dilma em 2016, Janaína Paschoal foi bem mais hábil no sentido de perceber qual era a atmosfera política do Brasil naquela ocasião — e teatral.

[73] REALE JÚNIOR, Miguel. "Peço que meditem sobre esse caminho fascista do Bolsonaro". *O Antagonista*, 24 ago 2018. Disponível em: <https://www.oantagonista.com/brasil/peco-que-meditem-sobre-esse-caminho-fascista-bolsonaro/>. Acesso em: 5 jan. 2019.

[74] JOVEM PAN. *Reale Jr. critica Bolsonaro:* "Como um homem que virou mito vai governar? Falou pelo WhatsApp e Twitter". 23 out. 2018. Disponível em: <https://jovempan.uol.com.br/programas/jornal-da-manha/reale-jr-critica-bolsonaro-como-um-homem-que-virou-mito-vai-governar-falou-pelo-whatsapp-e-twitter.html>. Acesso em: 6 jan. 2019.

[75] Ibid.

"Nós queremos servir a uma cobra? O Brasil não é a república da cobra",[76] berrou ela a plenos pulmões enquanto agitava freneticamente uma bandeira do Brasil sobre a própria cabeça, no dia 4 de abril de 2016, em um evento pró-impedimento organizado pelos alunos e ex-alunos da Faculdade de Direito do Largo São Francisco.

Diversos juristas entre os mais famosos do Brasil, incluindo estes três autores do pedido de impedimento, estavam presentes. A audiência que estava reunida no local reagiu a estas colocações como se estivesse comemorando um gol do time de futebol querido no último minuto do jogo.

Abusando destas apresentações surrealistas em ataques homéricos contra Dilma e o PT, Paschoal ajudou a consolidar e se beneficiou de forma singular da ideia de que o "PT é o responsável pelo maior escândalo de corrupção da história e quebrou o País". Em outubro de 2018, foi eleita pelo PSL como a deputada estadual (SP) mais votada da história do Brasil, com mais de dois milhões de votos.

"O PT quebrou o Brasil" e a principal narrativa do pré-bolsonarismo

A despeito dos argumentos jurídicos oficiais que foram utilizados, a principal narrativa[77] do impedimento de Dilma Rousseff em 2016 e, portanto, do período que antecedeu e consolidou as condições subjetivas ideais no inconsciente coletivo brasileiro para a ascensão do bolsonarismo no país, virou uma espécie de

---

[76] MBL – Movimento Brasil Livre. *Discurso Dra. Janaína Paschoal em ato pró-impeachment – 04/04/2016*. Disponível em: <https://www.youtube.com/watch?v=xif8mqLG6gc>. Acesso em: 6 jan. 2019.

[77] Conforme define o sociólogo Jessé Souza, para os meus propósitos nesse contexto, a narrativa é uma "trama simbólica de ideias e valores".

mantra que dispensava (e continua dispensando) a verificação da sua veracidade para boa parte da população.

"O PT quebrou o Brasil"[78] foi a principal narrativa do pré-bolsonarismo e deverá retornar com força no pleito presidencial de 2022. O início desse capítulo traz a reedição da análise que foi feita na primeira edição desse livro para demonstrar, numericamente e com base em indexadores sociais e macroeconômicos sólidos, como o Partido dos Trabalhadores não quebrou o Brasil[79], apesar de ter cometido erros na seara econômica durante, principalmente, o segundo mandato da ex-presidenta Dilma Rousseff, conforme explanado por doutores em economia no livro *Tempestade Perfeita: o bolsonarismo e a sindemia covid-19 no Brasil.*

Vamos avaliar os fatos. Considerando a afirmação "o PT quebrou o Brasil", podemos entender que:

> (1) O PT faliu o Brasil junto à sociedade internacional (dívidas e reservas internacionais);
> (2) O PIB (Produto Interno Bruto) recuou de forma alarmante e extremamente incomum por conta de alguma medida adotada unilateralmente pelo partido;
> (3) O PT destruiu a rede social de proteção e desenvolvimento humano cuja eficácia é aferida continuamente pelo IDH (Índice de Desenvolvimento Humano);
> (4) Promoveu um desequilíbrio na distribuição do capital e da renda de tal forma que o arranjo social se tornaria desigual e caótico a ponto de colapsar, em última instância (Coeficiente de Gini);

[78] Sobre esse tema, assista às explicações da economista Simone Deos. Entrevista concedida ao autor no dia 25 de fevereiro de 2021. Disponível em: https://www.youtube.com/watch?v=x298VDmG79g

[79] Capítulo 4, página 79.

(5) O comércio exterior (balança comercial) do Brasil com os outros países do mundo foi prejudicado de forma irremediável por conta de alguma medida adotada unilateralmente pelo partido (de forma que o país sofra sanções econômicas, enfrente guerras tarifárias etc.);
(6) As contas públicas foram desequilibradas de forma que o Governo Federal do Brasil passou a gastar muito mais do que arrecada, o que resultaria no seu endividamento.

Estes são os dados sólidos que todas as nações desenvolvidas utilizam para avaliar a progressão das suas respectivas sociedades. Flutuações no PIB e na taxa de desemprego e processos recessivos com diferentes intensidades são padrões macroeconômicos que se aplicam em todas as economias desenvolvidas do mundo. Fazem parte da dinâmica do jogo e servem muito mais para incutir e manipular sentimentos em determinada população (principalmente no que chamamos de classe média, o TOP 10%) do que para fazer planejamentos úteis em longo prazo.

Neste contexto, indexadores e pesquisas organizadas pela comunidade internacional são ferramentas poderosas para elaborar um processo de compreensão mais assertivo sobre a realidade que se vive em determinado país. Isso porque estes dados são investigados e compilados por entidades e profissionais que não vivenciam o cotidiano sociopolítico daquela nação e, portanto, não possuem preferências partidárias ou ideológicas em certo contexto local.

Estes trabalhos são organizados com base em pesquisas sérias, que foram conduzidas por mestres e doutores em suas respectivas áreas. Ou seja, não são petistas, bolsonaristas, emedebistas ou tucanos buscando atingir os seus adversários políticos. Com esta premissa estabelecida, podemos avaliar a evolução desses indexadores sem o risco de assumirmos um viés partidário em qualquer direção. Vamos aos fatos:

Dívidas e reservas internacionais

Após o processo econômico mais agudo de hiperinflação que a sociedade brasileira vivenciou em toda a sua história (década de 1980, fim do regime militar), a gestão FHC conseguiu equilibrar o cenário econômico e, no dia 4 de maio do ano 2000, estabeleceu a Lei de Responsabilidade Fiscal. Em 2002, FHC deixou o cargo com R$ 36,2 bilhões de reservas internacionais.

Em dezembro de 2005 (governo Lula), o Brasil quitou, antecipadamente, toda a dívida que havia contraído com o Fundo Monetário Internacional. O valor de US$ 15,5 bilhões era o que restava a ser pago (em 2006 e 2007) considerando um empréstimo de US$ 41,7 bilhões, que havia sido negociado com a entidade em 2002.

Em 2009, Lula sancionou a Lei da Transparência (que obriga a União, os estados e os municípios a divulgarem os seus gastos na Internet em tempo real) e o Banco Central do Brasil (BC) anunciou o início da publicação semestral do Relatório de Gestão das Reservas Internacionais.

"Ao longo dos últimos anos, o BC tem buscado ampliar a transparência do processo de administração das reservas internacionais. Medidas como a divulgação diária do montante de reservas e adesão ao padrão de disseminação de dados (PEDD), definido pelo Fundo Monetário Internacional (FMI), são exemplos do comprometimento do BC com esse objetivo. A publicação do Relatório de Gestão das Reservas Internacionais é um avanço nessa direção. No período analisado pelo relatório, de 2002 a 2008, observou-se aumento significativo do montante de reservas internacionais. Esse aumento é resultado da política de acumulação de reservas iniciada em 2004. Em janeiro de 2002, o montante de reservas internacionais, no conceito liquidez, era de US$36,2 bilhões.

Em dezembro de 2005 (governo Lula), o Brasil quitou, antecipadamente, toda a dívida que havia contraído com o Fundo Monetário Internacional. O valor de US$ 15,5 bilhões era o que restava a ser pago (em 2006 e 2007) considerando um empréstimo de US$ 41,7 bilhões, que havia sido negociado com a entidade em 2002.

Em 2009, o ex-presidente Lula sancionou a Lei da Transparência (que obriga a União, os estados e os municípios a divulgarem os seus gastos na Internet em tempo real) e o Banco Central do Brasil (BC) anunciou o início da publicação semestral do Relatório de Gestão das Reservas Internacionais.

"Ao longo dos últimos anos, o BC tem buscado ampliar a transparência do processo de administração das reservas internacionais. Medidas como a divulgação diária do montante de reservas e adesão ao padrão de disseminação de dados (PEDD), definido pelo Fundo Monetário Internacional (FMI), são exemplos do comprometimento do BC com esse objetivo. A publicação do Relatório de Gestão das Reservas Internacionais é um avanço nessa direção. No período analisado pelo relatório, de 2002 a 2008, observou-se aumento significativo do montante de reservas internacionais. Esse aumento é resultado da política de acumulação de reservas iniciada em 2004. Em janeiro de 2002, o montante de reservas internacionais, no conceito liquidez, era de US$36,2 bilhões. De dezembro de 2003 a dezembro de 2008, o total de reservas internacionais, no mesmo conceito, passou de US$49,3 bilhões para US$206,8 bilhões", afirma a publicação.

O oitavo volume deste documento, que foi publicado em dezembro de 2016, afirma que "em 31 de dezembro de 2015, as reservas internacionais do Brasil totalizavam, pelo conceito de liquidez internacional, US$368,74bilhões.

Durante apenas os dois primeiros anos do bolsonarismo, a gestão econômica de Paulo Guedes vendeu parte das reservas internacionais para fazer intervenções cambiais realizadas pelo Banco Central e conter a alta do dólar estadunidense, basicamente. Em dezembro de 2020, o valor das economias brasileiras na sociedade internacional já tinha caído para US$ 342,7 bilhões[80].

Produto Interno Bruto

Série anual do PIB REAL brasileiro de acordo com o Governo da República Federativa do Brasil (em US$):

1998	1.146.350.314.300,00
1999	1.151.727.460.600,00
2000	1.199.093.000.000,00
2001	1.215.758.799.900,00
2002	1.252.879.608.700,00
2003	1.267.175.052.900,00
2004	1.340.162.764.700,00
2005	1.383.076.588.500,00
2006	1.437.872.736.600,00
2007	1.525.149.783.400,00
2008	1.602.846.133.500,00
2009	1.600.828.582.000,00
2010	1.721.342.536.500,00
2011	1.789.756.011.600,00
2012	1.824.139.914.900,00
2013	1.878.952.863.300,00
2014	1.888.422.067.800,00
2015	1.817.242.668.600,00
2016	1.751.920.000.000,00
2017	2.054.969.000.000,00

[80] CEIC Data FGV IBRE.

2018	1.869.000.000.000,00
2019	1.891.000.000.000,00

O PIB nominal refere-se ao valor do PIB calculado a preços correntes, ou seja, no ano quando o produto foi produzido e comercializado. Já o PIB real é calculado a preços constantes, onde é escolhido um ano-base, eliminando assim o efeito da inflação.

Como podemos constatar, em 2015 houve a maior variação expressiva negativa do PIB real brasileiro desde 1980 (-3,77%). E em 2016, a segunda maior desde então, com recuo do PIB real de – 3,60%. Contudo, de acordo com o Fundo Monetário Internacional, em 2015, o próprio Produto Mundial Bruto (PMB) caiu mais de 5,5% na comparação com o ano anterior: de US$ 78.663.17.000.000.00 para 74.429.030.000.00 (trilhões de dólares).

Em 2020, sob a combinação da covid-19 com a gestão Bolsonaro, o PIB brasileiro recuou 4,1%[81].

Índice de Desenvolvimento Humano

O Índice de Desenvolvimento Humano (IDH) foi criado pelo Programa das Nações Unidas para o Desenvolvimento (PNUD) em 1990, a partir do trabalho de dois economistas, o paquistanês Mahbub Ul Haq e o indiano Amartya Sen, para medir o nível de desenvolvimento humano dos países a partir de indicadores de educação (alfabetização e taxa de matrícula), longevidade (expectativa de vida ao nascer) e renda (PIB per capita).

O ranking 2018 do IDH traz o Brasil na 79ª posição, de um total de 158 nações. Países como Uruguai (0.804), Cazaquistão (0.800), Cuba (0.777) e Venezuela (0.761) ficaram na frente do Brasil, que obteve 0.759. Ainda assim, o País registrou um

---

[81] Vale ressaltar que todos os resultados econômicos e indexadores sociais já apontavam a derrocada brasileira antes da pandemia se agravar no país, a partir de março de 2020.

aumento considerável contra o valor de 0,644 que foi registrado pela mesma entidade em 1975.

Índice de Gini

Desenvolvido pelo matemático italiano Corrado Gini, o Coeficiente de Gini é um parâmetro internacional usado para medir a desigualdade de distribuição da renda entre os países. A medida foi publicada no documento "Variabilità e mutabilità" ("Variabilidade e mutabilidade" em italiano), em 1912. O Coeficiente de Gini consiste em um número entre 0 e 1, onde 0 corresponde à completa igualdade (no caso do rendimento, por exemplo, toda a população recebe o mesmo salário) e 1 corresponde à completa desigualdade (uma pessoa recebe todo o rendimento e as demais nada recebem). Quanto maior o valor, mais desigual é o país.

O Coeficiente de Gini é amplamente utilizado em diversos campos de estudo, como a sociologia, a economia, ciências da saúde, ecologia, engenharia e agricultura. Em ciências sociais e economia, além do coeficiente de Gini relacionado à renda, estudiosos publicaram indexadores relacionados à educação e às oportunidades financeiras.

De acordo com os dados do Banco Mundial, o valor do índice Gini no Brasil era de 51,30 em 2015. Nos últimos 34 anos, esse indicador atingiu um valor máximo de 63,30 em 1989 e um valor mínimo de 51,30 em 2015, com uma redução acentuada a partir de 2002.

Balança Comercial

A balança comercial brasileira atingiu o seu maior saldo positivo ainda no governo petista, no primeiro semestre de 2016, com R$ 47,7 bilhões (ou seja, o Brasil vendeu mais do que comprou na sociedade internacional), após dois anos difíceis para as exportações em 2014 e 2015.

Contas Públicas

Por fim, o superávit primário (a capacidade de pagar as contas em dia sem considerar os juros da dívida) atingiu a casa dos 3% (do PIB) entre 2008 e 2009 e recuou para 0% em janeiro de 2015, no auge das articulações golpistas e das "pautas bombas" que foram elaboradas por partidos opositores ao governo Dilma Rousseff e resultaram no golpe parlamentar de 2016.

Os erros do PT e o ódio como plataforma política no Plenário da Câmara dos Deputados

"Evidentemente, o PT cometeu muitos erros. Um dos grandes foi não perceber que um partido transformador não pode, em momento algum, ainda que não seja organicamente, mas através dos seus membros, ter algum tipo de relação com as formas convencionais de fazer política no Brasil. Se por um lado você tem que governar, por outro a governabilidade tem que ser dada não só pela ética, mas por certa clareza, porque se você passar este limite, você deixa de ser transformador",[82] reconhece José Eduardo Cardozo.

"Então eu penso que o PT cometeu muitas vezes o erro de dormir com o inimigo. Outro erro que o PT cometeu foi adotar certa arrogância na manutenção da busca pela hegemonia (do poder)",[83] acrescenta o ex-ministro petista.

[82] Entrevista concedida ao autor no dia 30 de março de 2019.

[83] Entrevista concedida ao autor no dia 30 de março de 2019.

Em outubro de 2012, o ex-presidente da república, Luiz Inácio Lula da Silva, recebeu no Instituto Lula o prefeito reeleito da cidade do Rio de Janeiro, Eduardo Paes, o governador do Estado do Rio de Janeiro, Sérgio Cabral, e o vice-governador Luiz Fernando de Souza, o Pezão. Paes veio agradecer pessoalmente o apoio que recebeu de Lula na campanha pela reeleição daquele ano.

"Pela sua própria dimensão, por ser um dos grandes partidos do Brasil na esquerda, ele (PT) simplesmente ignorou e atropelou alguns aliados ideológicos e isso acabou trazendo sequelas e situações indesejáveis quando todas estas pessoas precisariam estar unidas para enfrentar alguma situação adversa. O PT precisa deixar de ser hegemonista",[84] ressalta Cardozo.

Com todos estes dados, por 367 votos favoráveis e 137 contrários, a Câmara dos Deputados do Brasil aprovou, às 23h47 do dia 17 de abril de 2016, a autorização para ter prosseguimento no Senado o processo de impedimento da ex-presidente Dilma Rousseff. Foram sete abstenções e somente dois ausentes entre os 513 deputados. A sessão durou nove horas e quarenta e sete minutos e a votação, seis horas e dois minutos. Por volta de 23h08, pouco mais de quarenta minutos antes do fim da sessão, o voto do deputado Bruno Araújo (PSDB-PE) completou os 342 que eram necessários para a autorização do processo.

"Hoje é um dia de glória para o povo brasileiro. Tem um nome que entrará para a história nesta data, pela forma como conduziu os trabalhos nesta casa (Câmara dos Deputados): parabéns, presidente Eduardo Cunha! Perderam em (19)64, perderam agora em 2016. Pela família e pela inocência das crianças em sala de aula, que o PT nunca teve. Contra o comunismo, pela nossa liberdade, contra o Foro de São Paulo. Pela memória do coronel Carlos Alberto Brilhante Ustra, o pavor de Dilma Rousseff. Pelo Exército de Caxias, pelas nossas forças armadas. Por um Brasil acima de tudo e Deus acima de todos, o meu voto é sim", bradou o então deputado federal Jair Bolsonaro durante esta votação na Câmara dos Deputados.

Cunha foi preso em outubro de 2016 pela Operação Lava Jato, acusado de desvios de dinheiro. Em junho de 2018, foi condenado a 24 anos e dez meses de prisão.

---

[84] Ibid.

17 de abril de 2016, dia da votação do impedimento de Dilma Rousseff no Congresso Nacional. No Vale do Anhangabaú, em São Paulo, manifestantes em defesa da presidenta acompanham a sessão no telão.

O então presidente da Câmara dos Deputados, Eduardo Cunha, durante jantar oferecido pela Federação das Indústrias do Estado de São Paulo (FIESP), em 2016.

Ustra, que foi condenado pelo Superior Tribunal de Justiça (STJ) em 2008 como o primeiro militar reconhecido pela Justiça brasileira como torturador na ditadura, foi o chefe do Destacamento de Operações de Informação – Centro de Operações de Defesa Interna (DOI-Codi), órgão de repressão política durante parte do regime militar, entre 29 de setembro de 1970 e 23 de janeiro de 1974. Ele faleceu de pneumonia em 2015.

Em 1972, Maria Teles, o marido dela, Cesar Teles, e a irmã Criméia foram presos e torturados no DOI-Codi. Os filhos do casal, Janaina de Almeida Teles e Edson Luis de Almeida Teles, também ficaram em poder dos militares.

"Estupros eram constantes dentro do DOI-Codi. Eles colocavam fios elétricos na genitália das mulheres. Eu fui espancada por ele (coronel Ustra) ainda no pátio do DOI-Codi. Ele me deu um safanão com as costas da mão, me jogando no chão e gritando 'sua terrorista'. E gritou de uma forma a chamar todos os demais agentes, também torturadores, a me agarrarem e me arrastarem para uma sala de tortura", conta Teles.

Em declaração pública disponível no YouTube, ela deu detalhes de quem foi o "pavor de Dilma Rousseff", conforme enfatizou o novo presidente brasileiro. "Ele [Ustra], levar os meus filhos para uma sala, onde eu me encontrava na cadeira do dragão,[85] nua, vomitada, urinada? Levar meus filhos para dentro da sala? O que é isto? Para mim, foi a pior tortura que eu passei. Meus filhos tinham cinco e quatro anos. Utilizaram a própria maternidade humana contra uma mulher. Foi a pior tortura que eu passei",[86] disse a ex-militante do PCdoB (Partido Comunista do Brasil).

[85] A cadeira do dragão era um instrumento de tortura utilizado na ditadura, em que a pessoa era colocada sentada e tinha os pulsos amarrados aos braços da cadeira. Com fios elétricos atados em diversas partes do corpo, a pessoa era submetida a sessões de choques.

[86] GLOBAL FEMINISMS PROJECT U-MITCH. *An Interview with Maria Teles Interviewed by Sueann Caulfield in September* 2015. Disponível em: <https://www.youtube.com/watch?v=GMLU8f9-29M>. Acesso em: 21 jan. 2019.

Matias Spektor, professor, autor e coordenador da graduação da Escola de Relações Internacionais da Fundação Getúlio Vargas (FGV), usou a sua conta na rede social Twitter, no dia 10 de maio de 2018, para divulgar um documento secreto de 1974, que foi liberado pelo Departamento de Estado dos Estados Unidos em 2015, no qual o chefe da CIA (Central Intelligence Agency) afirma que o ex-presidente Ernesto Geisel (1974-1979) aprovou a continuidade de uma política de "execuções sumárias"[87] de adversários políticos da ditadura militar.

"Este é o documento mais perturbador que já li em vinte anos de pesquisa: recém-empossado, Geisel autoriza a continuação da política de assassinatos do regime, mas exige ao Centro de Informações do Exército a autorização prévia do próprio Palácio do Planalto",[88] escreveu Spektor para anunciar o seu achado.

Segundo o relatório da CIA, Geisel teria ainda orientado o então chefe do SNI (Serviço Nacional de Informações), que viria a substituí-lo na Presidência, João Baptista de Oliveira Figueiredo (1979-1985), a autorizar pessoalmente os assassinatos.[89]

---

[87] OFFICE OF THE HISTORIAN. 99. Memorandum from Director of Central Intelligence Colby to Secretary of State Kissinger. *Foreign Relations of The United States*, 1969–1976, v. E–11, part 2, Documents on South America, 1973–1976. 11 April 1974. Disponível em: <https://history.state.gov/historicaldocuments/frus1969-76ve11p2/d99?platform=hootsuite>. Acesso em: 22 jan. 2019.

[88] GLOBONEWS. *Matias Spektor conta como chegou a memorando da CIA sobre Geisel.* Disponível em: <http://g1.globo.com/globo-news/estudio-i/videos/v/matias-spektor-conta-como-chegou-a-memorando-da-cia-sobre-geisel/6729439/>. Acesso em: 11 maio 2019.

[89] VALENTE, Rubens e URIBE, Gustavo. *Chefe da CIA disse que Geisel assumiu controle sobre execuções sumárias na ditadura*: https://www1.folha.uol.com.br/poder/2018/05/chefe-da-cia-disse-que-geisel-assumiu-controle-sobre-execucoes-sumarias-na-ditadura.shtml>. Acesso em: 11 maio 2019.

Após esta sessão na Câmara dos Deputados, o processo de impedimento seguiu os trâmites do Senado Federal em tempo recorde e, no dia 31 de agosto de 2016, a ex-presidente Dilma Rousseff foi removida da chefia do Executivo brasileiro, por 61 votos favoráveis e vinte contrários.

Contudo, os senadores rejeitaram a pena de inabilitação da petista para funções públicas. Assim, ela foi deposta da presidência, mas poderia se candidatar e assumir outros cargos públicos. "A Dilma é uma mulher forte, que conhece muito as políticas de Estado e que, muitas vezes, pagou um preço muito alto por ser intransigentemente honesta",[90] conclui Cardozo.

Talvez honesta demais, sem paciência e pouco habilidosa para fazer o jogo político do parlamento brasileiro em 2018, Dilma era agora carta fora do baralho. Restava apenas um passo a ser dado.

[90] Entrevista concedida ao autor no dia 30 de março de 2019.

Dezembro de 2015. A presidenta Dilma Rousseff chega à base do Comando Militar do Nordeste para uma reunião sobre as ações de combate ao mosquito da dengue.

6

A INELEGIBILIDADE DE LULA E A PUNHALADA FINAL

"O grande problema do nosso
sistema democrático é que
ele permite fazer coisas nada
democráticas democraticamente."
- José Saramago

No dia 12 de julho de 2017, o então juiz federal Sérgio Moro condenou o ex-presidente Luiz Inácio Lula da Silva a nove anos e seis meses de prisão por corrupção, no julgamento em que foi acusado de receber um apartamento no Guarujá (SP) em troca da promoção de interesses da empreiteira OAS junto à Petrobras. Dos bastidores políticos em Brasília às piadas feitas nos corredores das universidades em São Paulo, cogitou-se muito sobre uma possível alusão que Moro estaria fazendo ao fato de Lula ter nove dedos e como ele supostamente se referiria ao ex-presidente utilizando o termo *Nine* (Nove), em inglês.

Após a sentença de Moro, o trâmite legal do processo seguiu para o Tribunal Regional Federal da 4ª Região (TRF-4). Historicamente, esse tribunal costuma levar por volta de um ano para analisar os recursos às sentenças dos juízes de primeira instância (que era a posição do ex-juiz Sérgio Moro na ocasião), o que tornaria possível que a decisão do julgamento de Lula ocorresse às vésperas da eleição presidencial de outubro de 2018.

Neste caso, o TRF-4 precisou de apenas metade do tempo que tradicionalmente leva para deliberar sobre assuntos desta natureza. No dia 24 de janeiro de 2018, por unanimidade, os três desembargadores da 8ª Turma do TRF-4 votaram em favor de manter a condenação e ampliar a pena de prisão de Lula para doze anos e nove meses a serem cumpridos em regime fechado, por corrupção passiva e lavagem de dinheiro, no que ficou conhecido como o "Caso do Triplex". Esta decisão acirrou os ânimos, considerando principalmente a inelegibilidade imputada a Lula, que na ocasião liderava as pesquisas de opinião na corrida pelo Planalto.

Segundo pesquisa eleitoral do instituto Datafolha realizada entre os dias 29 e 30 de janeiro de 2018, com 2.826 entrevistados, em 174 cidades do Brasil, o ex-presidente Lula seguia na frente nas intenções de voto, mesmo após a condenação do

TRF-4, mas já com um significativo aumento de pessoas que declararam voto branco e nulo após esta condenação.[91]

Estranha e peculiar coincidência foi a juíza da 4ª Vara Criminal de São Paulo, Maria Priscilla Ernandes Veiga Oliveira, absolver sumariamente os doze réus citados em denúncia do MP/SP sobre o caso Bancoop (Cooperativa Habitacional dos Bancários), no dia 19 de abril de 2017.[92] Entre os réus absolvidos estava o ex-presidente da OAS, Léo Pinheiro. Exatamente na véspera do depoimento confessional de Pinheiro ao juiz Moro.

Assim, Léo Pinheiro deixou de ser réu em um processo e, portanto, passou a poder depor ao juiz sem que houvesse litispendência, porque o Código Penal (brasileiro de 1940) proíbe que uma pessoa seja julgada duas vezes pela mesma acusação. O Caso do Triplex já havia sido julgado e anulado pela Justiça Estadual de São Paulo, apresentado pelos procuradores estaduais.

A condenação do TRF-4 foi o desfecho de um ato jurídico que havia começado no dia 4 de março de 2016, com a Operação Aletheia, da Polícia Federal do Brasil (PF), quando o ex-presidente foi coercitivamente conduzido à sede da PF para prestar depoimento sobre o Caso do Triplex. Nesta ocasião, o próprio Sérgio Moro havia determinado que o evento "em hipótese alguma" deveria ser filmado ou repassado a terceiros. Por isso, os advogados de defesa de Lula pediram o sigilo sobre essas filmagens para impedir que elas fossem usadas pela revista *Veja* e pela produção do filme *Polícia Federal — A Lei é para Todos*.

---

[91] Ver Registro no TSE: BR 05351/2018.

[92] G1 SÃO PAULO. Juíza absolve Vaccari e mais 11 em caso que envolve triplex no Guarujá. *G1*, 19 abril 2017. Disponível em: <https://g1.globo.com/sao-paulo/noticia/juiza-de-sp-absolve-vaccari-leo-pinheiro-e-mais-10-suspeitos-do-caso-bancoop-em-que-promotoria-pediu-prisao-de-lula.ghtml>. Acesso em: 15 fev. 2019.

Disseram os advogados do ex-presidente: "O filme busca macular a imagem de Lula perante a sociedade, porque terá como cena principal a reconstituição da condução coercitiva do ex-presidente, ocorrida em 4 de março de 2016."

"Também questionamos: por que os financiadores da película foram mantidos em sigilo? Com estes dois elementos em vista, questionamos: a quem interessa financiar um filme que elege, seletivamente, como principal símbolo da atuação da PF no combate à corrupção, a ilegal condução coercitiva de Lula, ignorando outros tantos fatos e pessoas que compõem a história da referida operação? A quem interessa macular a imagem do ex-presidente, justamente quando simulações de institutos de pesquisa o colocam em posição de destaque na disputa presidencial de 2018?", indagaram os juristas por meio de uma nota.

O juiz Moro, além de negar a solicitação dos advogados de defesa de Lula alegando que não lhe cabia o juízo de censurar a imprensa, retirou, no dia 16 de março de 2016, o sigilo das interceptações telefônicas do ex-presidente Lula em conversas gravadas pela Polícia Federal com a então presidente da República em pleno exercício do seu mandato, Dilma Rousseff.

"O Sérgio Moro interferiu no processo eleitoral (enquanto juiz federal). Aliás, desde antes da eleição ele já vinha interferindo na política brasileira, quando ele divulga, ilegalmente, segundo reconheceu o próprio Superior Tribunal Federal posteriormente, aqueles áudios[93] de Dilma e de Lula. Ele jogou combustível no processo, ele alimentou o impeachment. Ele

[93] Ver Moro pede desculpas ao Supremo por divulgação de áudios de Lula e nega motivação política. *O Estado de São Paulo*, Disponível em: <https://politica.estadao.com.br/blogs/fausto-macedo/moro-pede-desculpas-ao-supremo-por--divulgacao-de-audios-de-lula-e-nega-motivacao-politica/>. Acesso em: 15 fev. 2019.

alimentou as forças contrárias à permanência do governo Dilma Rousseff",[94] avalia José Eduardo Cardozo.

"Da mesma forma, quando ele (Moro) faz aquela condução coercitiva do Lula sem nenhuma necessidade, sem razão para agir assim, apenas para um jogo midiático que expôs o ex-presidente a uma situação de contaminação cada vez maior frente à opinião pública. Ou às vésperas do primeiro turno (outubro de 2018), quando ele usou uma manobra para divulgar a delação do Antonio Palocci, que já havia sido recusada pelo Ministério Público por ser inconsistente, para divulgar somente algumas partes que lhe interessavam para atacar o PT, partido que certamente disputaria a presidência no segundo turno. Ora, o mínimo que se esperava de um juiz que teve tanta inserção no processo político-eleitoral (era que ele) tivesse o comedimento de não aceitar qualquer cargo no governo que ele ajudou a eleger",[95] acrescenta o ex-ministro da Justiça do governo Dilma.

O próprio Sérgio Moro foi categórico ao afirmar, no dia 5 de novembro de 2016, em reportagem publicada na capa do jornal *O Estado de São Paulo*:

"Jamais entraria para a política. Não seria apropriado da minha parte postular qualquer espécie de cargo político porque isso poderia, vamos dizer assim, colocar em dúvida a integridade do trabalho que eu fiz até o presente momento",[96] disse o ex-juiz nesta ocasião.

Dois meses antes do início do novo governo, no dia 1º de novembro de 2018, Sérgio Moro aceitou o cargo de ministro da Justiça da administração Bolsonaro.

---

[94] Entrevista concedida ao autor no dia 30 de março de 2019.

[95] Ibid.

[96] MACEDO, Fausto; BRANDT, Ricardo. "Jamais entraria para a política". *O Estado de São Paulo*, 5 dez. 2016.

Simpatizantes do Movimento Brasil Livre realizam passeata na Avenida Paulista, próximo ao prédio da Federação das Indústrias do Estado de São Paulo (FIESP), em São Paulo. Março de 2016. Pequenos protestos ocorriam quase diariamente e tinham como propósito pressionar a base aliada pelo impedimento da presidenta Dilma Rousseff.

A prisão de Lula e a punhalada final

No dia 7 de abril de 2018 (26 horas depois de a prisão ser decretada), após anos de ataques implacáveis por parte da mídia e de uma combinação de coincidências no mínimo questionáveis entre a atuação deste setor com membros do Poder Judiciário, Lula se entregou à Polícia Federal no Sindicato dos Metalúrgicos do ABC, em São Bernardo do Campo.[97]

"A defesa de Lula ainda tem direito ao chamado embargo do embargo e tem dez dias para entrar com este embargo. Evidentemente, o bom-senso e a boa prática jurídica recomendam que se esgotem ao menos os recursos na segunda instância para que você possa então permitir a prisão. Eu tenho chamado a atenção aqui para o fato de que há uma cadeia de excepcionalidades que hoje atinge o Lula só porque o Lula é o Lula",[98] afirmou o jornalista político Reinaldo Azevedo, no ar à Rádio Jovem Pan, no dia 5 de abril de 2018.

"O Lula está sendo vítima de um processo de exceção",[99] acrescentou Azevedo, que durante muitos anos foi uma das principais referências da autointitulada "direita liberal" brasileira (articulista da revista *Veja*), nesta mesma data, em entrevista à Rede TV.

---

[97] GREENWALD, Glenn; REED, Betsy e DEMORI, Leandro. The Intercept: *COMO E POR QUE O INTERCEPT ESTÁ PUBLICANDO CHATS PRIVADOS SOBRE A LAVA JATO E SERGIO MORO*. Disponível em: https://theintercept.com/2019/06/09/editorial-chats-telegram-lava-jato-moro/

[98] REINALDO AZEVEDO SE REVOLTA COM PRISÃO DE LULA DECRETADA POR MORO E CULPA CÁRMEN LÚCIA PELA MANOBRA. *Vinicius Carrion F. Pires*, 5 abril 2018. Disponível em: <https://www.youtube.com/watch?v=8eoQXK0le_E>. Acesso em: 18 fev. 2019.

[99] "LULA ESTÁ SENDO VÍTIMA DE UM PROCESSO DE EXCEÇÃO", DECRETA REINALDO AZEVEDO. *Rede TV*, 5 abril 2018. Disponível em: <https://www.youtube.com/watch?v=_G30fR8vL8w>. Acesso em: 18 fev. 2019.

No Brasil de 2018, Reinaldo Azevedo foi rotulado de petista.

Após a prisão de Lula, entre os meses de junho e agosto de 2018, travou-se uma batalha jurídico-midiática sobre a elegibilidade do petista para as eleições de outubro.

No dia 22 de agosto, o Datafolha apresentou uma pesquisa que ainda demonstrava "Lula com 39% das intenções de voto" e condições reais de se eleger ainda no primeiro turno, caso participasse das eleições. Para divulgar essa pesquisa, o jornal *Valor Econômico*, o mais influente periódico de economia do Brasil, garantiu já naquela ocasião que "sem Lula, que provavelmente terá sua candidatura impugnada pela Justiça por ter sido condenado em segunda instância e preso por corrupção, quem aparece na liderança da pesquisa continua sendo o deputado Jair Bolsonaro (PSL), com 22%".[100]

Cinco dias antes, no dia 17 de agosto, o Comitê de Direitos Humanos da ONU se pronunciou oficialmente para afirmar que Lula tinha o direito de ser candidato a presidente. A ONU recomendou à República Federativa do Brasil que tomasse "todas as medidas necessárias para permitir que o autor [Lula] desfrute e exercite seus direitos políticos da prisão como candidato nas eleições presidenciais de 2018, incluindo acesso apropriado à imprensa e a membros de seu partido político" e, também, para "não impedir que o autor [Lula] concorra nas eleições presidenciais de 2018 até que todos os recursos pendentes de revisão contra sua condenação sejam completados em um procedimento justo e que a condenação seja final".

A decisão foi baseada na existência de violação ao art. 25 do Pacto de Direitos Civis da ONU e na ocorrência de danos

[100] VALOR. Datafolha: Lula lidera com 39%; sem petista, Bolsonaro é líder com 22%. *Valor Econômico*, 22 ago 2018. Disponível em: <https://www.valor.com.br/politica/5758639/datafolha-lula-lidera-com-39-sem-petista-bolsonaro-e-lider-com-22>. Acesso em: 18 fev. 2019.

irreparáveis a Lula na tentativa de impedi-lo de concorrer nas eleições presidenciais ou de negar-lhe acesso irrestrito à imprensa ou a membros de sua coligação política durante a campanha.

A imprensa internacional reverberou o posicionamento da ONU de forma quase uníssona.[101]

Preso, considerado inelegível e até quando as pesquisas o consideraram como candidato (fim de agosto de 2018), líder na intenção de votos para a Presidência da República, Lula seguia sendo uma força política preponderante no Brasil capaz, inclusive, de eleger um sucessor pela terceira vez consecutiva, a não ser que algo atípico de fato acontecesse, porque o antipetismo sozinho não estava, evidentemente, dando conta de decidir o embate político.

---

[101] DOUGLAS, Bruce; ADGHIRNI, Samy. Brazil Slaps Down UN Human Rights Committee Request on Lula. *Bloomberg*, 17 ago 2018. Disponível em: <https://www.bloomberg.com/news/articles/2018-08-17/brazil-slaps-down-un-human-rights-committee-request-on-lula>. Acesso em: 20 fev. 2019. CASTAÑEDA, Jorge G. Why Lula Should Be Allowed to Run for President. *The New York Times*, 21 ago. 2018. Disponível em: <https://www.nytimes.com/2018/08/21/opinion/lula-president-brazil-corruption.html>. Acesso em: 20 fev. 2019. PHILLIPS, Dom. Brazilian court bars Lula from presidential election. *The Guardian*, 1 set. 2018. Disponível em: <https://www.theguardian.com/world/2018/sep/01/brazilian-court-bars-lula-from-presidential-election>. Acesso em: 20 fev. 2019. BROOKS, Brad. Brazil's Lula should have political rights: U.N. Human Rights. *Reuters*, 17 ago. 2018. Disponível em: <https://www.reuters.com/article/us-brazil-election-lula/brazils-lula-should-have-political-rights-u-n-human-rights-committee-idUSKBN1L21L1>. DW. UN: Brazil's Lula can't be barred from presidential elections. DW, 17 ago. 2018. Disponível em: <https://www.dw.com/en/un-brazils-lula-cant-be-barred-from-presidential-elections/a-45126474>. Acesso em: 20 fev. 2019. DAILY NATION. Brazil must let Lula run in October vote: UN panel. *Daily Nation*, 18 ago. 2018. Disponível em: <https://www.nation.co.ke/news/world/Brazil-must-let-Lula-run-in-October-vote-UN-panel/1068-4717706-u164ioz/index.html>. Acesso em: 20 fev. 2019. SWISS INFO. UN committee: Lula should have political rights. *Swissinfo.ch*, 24 ago. 2018. Disponível em: <https://www.swissinfo.ch/eng/politics/legally-binding_unhcr--lula-should-have-political-rights/44348776>. Acesso em: 20 fev. 2019.

Sindicato dos Metalúrgicos do ABC no dia 6 de abril de 2018, um dia antes de o ex-presidente Lula se entregar para a Polícia Federal. Do lado de fora, apoiadores aguardavam o pronunciamento do petista, que aconteceria somente no dia seguinte.

No dia 7 de abril, Celso Amorim, Dilma Rousseff e Lula subiram no carro de som em frente ao Sindicato dos Metalúrgicos do ABC para o que seria o último pronunciamento do ex-presidente antes de seguir para a Polícia Federal, em Curitiba.

Manifestantes dos movimentos Movimento Brasil Livre (MBL) e Vem pra Rua pedem a prisão de Lula em São Paulo. 4 de abril de 2018.

A facada final

No dia 6 de setembro, durante um ato de campanha em Juiz de Fora, Minas Gerais, Bolsonaro sofreu um atentado à faca. Muito foi especulado pela população nas redes sociais sobre uma possível farsa de estado considerando este caso. Contudo, este não é o objeto de estudo deste livro no que diz respeito à veracidade dos fatos, mas interessa, sim, como o evento em si auxiliou a elaboração das condições ideais para a ascensão do bolsonarismo no Brasil do século XXI.[102]

Durante a apresentação pela mídia, Adélio Bispo de Oliveira, o agressor, foi identificado como alguém que "odiava a direita", foi filiado ao PSOL (Partido Socialismo e Liberdade) e emitia "mensagens de apoio a políticos alinhados à esquerda, como o presidente da Venezuela, Nicolás Maduro".[103]

Prestando o depoimento sobre o seu ato, Adélio estava vestido com uma camiseta vermelha.[104]

Após a facada e com Lula inelegível, em pesquisa publicada no dia 11 de setembro pelo Ibope, Bolsonaro apareceu na liderança da disputa presidencial pela primeira vez: o candidato do PSL saiu de 20% das intenções de voto, em agosto, para 26% a menos de um mês das eleições. "A comoção após

[102] Ainda assim, muitas questões deste episódio ficaram sem respostas, conforme aponta com precisão o documentário *A Facada no Mito: uma visão diferente sobre o atentado a Jair Bolsonaro*. Ver *A Facada no Mito*. Disponível em: <https://www.youtube.com/watch?v=kDe6Vvgvf44>. Acesso em: 21 fev. 2019.

[103] GAÚCHAZH. Saiba quem é o homem preso por dar facada em Bolsonaro. *Gaúchazh*, 6 set. 2018. Disponível em: <https://gauchazh.clicrbs.com.br/politica/noticia/2018/09/saiba-quem-e-o-homem-preso-por-dar-facada-em-bolsonaro-cjlr6w5nf01dv01px3kjdmf03.html>. Acesso em: 21 fev. 2019.

[104] PODER 360. *Depoimento de Adélio Bispo de Oliveira, autor do ataque a Jair Bolsonaro PSL 10 set 2018*. Disponível em: <https://www.youtube.com/watch?v=xW2X9FNrhlo>. Acesso em: 22 fev. 2019.

o ataque à faca impulsionou a candidatura",[105] ressaltou o texto do jornal *A Gazeta do Povo*.

Apenas 47 dias após levar um golpe de faca no plexo solar, Bolsonaro estava recuperado e pronto para atacar. "Eles perderam em 1964 e vão perder a semana que vem de novo. Só que a faxina agora será muito mais ampla. Esses marginais vermelhos serão banidos de nossa pátria",[106] disse, obviamente lendo o texto de um telefone que estava posicionado à sua frente, uma semana antes da votação do segundo turno das eleições de 2018. Sete dias depois, foi eleito com mais de 57 milhões de votos.

---

[105] KADANUS, Kelli. Efeito facada: Bolsonaro sobe no Ibope e melhora até desempenho no 2.º turno. *Gazeta do Povo*, 11 set. 2018. Disponível em: <https://www.gazetadopovo.com.br/eleicoes/2018/efeito-facada-bolsonaro-sobe-no-ibope-e-melhora-ate-desempenho-no-2-turno-7c47y6qwjoaefjjj98b34vgge>. Acesso em: 25 fev. 2019.

[106] UOL. *Bolsonaro diz que marginais vermelhos serão banidos do Brasil.* 23 out. 2018. Disponível em: <https://www.youtube.com/watch?v=6AkDNfmi7zs>. Acesso em: 26 fev. 2019.

Lula discursa no campus do Instituto Federal de Educação, Ciência e Tecnologia Fluminense, no Rio de Janeiro, em dezembro de 2017, durante a carreata que percorreu os estados Espírito Santo e Rio de Janeiro.

7

A ASCENSÃO DO BOLSONARISMO NO BRASIL DO SÉCULO XXI

"Você tem que ser ultrajante para ser notado e vencer."
- Roger Stone

No dia 7 de outubro de 2018, o candidato do Partido Social Liberal (PSL) à Presidência da República Federativa do Brasil, Jair Messias Bolsonaro, recebeu os votos de 49.276.990 brasileiros durante o primeiro turno das Eleições: 46,03% dos votos válidos. Por uma margem pequena, o ex-capitão do Exército Brasileiro não assumiu a chefia do Executivo na primeira instância do pleito e sem contraproposta a ser avaliada no segundo turno.

Esse é um fato ainda mais significativo do que a própria eleição de Bolsonaro no segundo turno, com 57.797.464 votos, no dia 28 de outubro de 2018. Trata-se de um sintoma mais evidente considerando o estado psíquico da nação em determinada época.

No Brasil, em 2018, cinco grandes forças motivaram a votação maciça que o então deputado federal Jair Bolsonaro recebeu nos dois turnos da eleição presidencial:

> (1) o antipetismo, que foi estimulado com voracidade ímpar pelos principais grupos empresariais e de comunicação do País nos anos anteriores;
> (2) o elitismo histórico (reforçado principalmente por parte das camadas mais pobres e ascendentes da população nesta ocasião);
> (3) o dogma religioso, neste caso, mais especificamente considerando a notória adesão dos evangélicos à candidatura de Bolsonaro;
> (4) o sentimento de antissistema, em virtude de uma imensa descrença no modelo de democracia representativa (31 milhões de abstenções e 11 milhões de brancos ou nulos) e
> (5) o uso de novas ferramentas e estratégias de comunicação, tais como WhatsApp, Facebook, Twitter, Instagram, e a disseminação de notícias falsas e de discursos de medo ou de ódio.

Antipetismo

Indiscutivelmente, o antipetismo é a principal retórica política das eleições brasileiras em outubro de 2018. Com certeza, será extremamente difícil encontrar quaisquer profissionais (professores, pesquisadores e acadêmicos em geral) que estudam as ciências sociais e discordem deste raciocínio.

"O antipetismo, sem dúvida nenhuma, virou algo quase transcendental no Brasil",[107] enfatiza Guilherme Casarões, doutor e mestre em Ciência Política pela Universidade de São Paulo (USP).

"Eu fiquei impressionado como o antipetismo foi capaz de neutralizar o petismo de maneira muito derradeira nesta eleição. Ainda que o PT tenha conseguido fazer uma bancada grande, esta tende a ficar sufocada no Congresso (Nacional), dependendo de como o Bolsonaro se articular",[108] aponta Casarões.

Assim como não se pode explicar o amor dos brasileiros pelo futebol ou pelas telenovelas sem falar da Rede Globo, também é absolutamente impossível estabelecer uma reflexão séria sobre quais foram as principais ideologias e os agentes sociais que alimentaram o ódio contra o PT entre os anos de 2005 e 2018 sem avaliar a atuação específica do Jornal Nacional, o principal produto e instrumento político da Globo e a única ponte de contato com a "realidade" para milhões de brasileiros desde o fim da década de 1960.

Outros grupos, programas e veículos de comunicação dedicaram esforços semelhantes para construir estas narrativas, mas a Globo foi (e continua sendo), certamente, a força política mais eficiente do Brasil no sentido de incutir e/ou estimular sentimentos na população.

[107] Entrevista concedida ao autor no dia 1º de novembro de 2018.

[108] Ibid.

Dois momentos principais caracterizaram estes treze anos de forma muito clara. A primeira fase pode ser entendida como a era Lula, quando o momento macroeconômico e a habilidade do ex-presidente para acomodar as forças mais tradicionais da política brasileira fizeram a diferença.

Essa fase começou em 2005, com associações sutis e uma construção incipiente do raciocínio que seria elaborado a seguir, e durou até junho de 2013, quando a ofensiva realmente ganhou força.

Uma matéria publicada no dia 16 de dezembro de 2010 pelo site G1 trazia uma Pesquisa Ibope encomendada pela Confederação Nacional da Indústria (CNI) e afirmava: "O presidente Luiz Inácio Lula da Silva chega ao último mês do mandato com recorde de aprovação e popularidade de 87%. A aprovação do Governo Federal, com 80%, também chega a patamares nunca antes registrados, segundo o Ibope."[109]

Dezoito meses antes, durante o encontro do G20, em abril de 2009, em Londres, na Inglaterra, o ex-presidente dos Estados Unidos, Barack Obama, disse que Lula era "o cara", que o amava e que ele era "o político mais popular da Terra".[110]

Neste contexto, os ataques à imagem do ex-presidente Lula e do PT eram pontuais e calculados. Assim como Leonel Brizola (PDT), ex-governador do Rio de Janeiro, conseguiu encontrar um equilíbrio de forças com a Globo durante o caso Proconsult, em 1982, dizendo em entrevista ao jornalista Armando Nogueira

---

[109] Ainda de acordo com o texto, "entre os dias 4 e 7 de dezembro (2010), o Ibope ouviu 2.002 entrevistados em 140 municípios de todas as regiões do País. A pesquisa conta com margem de erro de 2 pontos percentuais para mais ou para menos e tem grau de confiança de 95%". Ver também: BONIN, Robson. Popularidade de Lula bate recorde e chega a 87%, diz Ibope. *G1*, 16 dez. 2010. Disponível em: <http://g1.globo.com/politica/noticia/2010/12/popularidade-de-lula-bate-recorde-e-chega-87-diz-ibope.html>. Acesso em: 2 mar. 2019.

[110] BBC BRASIL. *Obama elogia Lula*. 2 abril 2009. Disponível em: <https://www.youtube.com/watch?v=Yg8tQzUEwf4>. Acesso em: 2 mar. 2019.

que o Rio e a Globo são uma única coisa e que eles precisariam "conviver",[111] Lula conquistou este equilíbrio de forças com a Globo no âmbito nacional. Por algum tempo.

"Pode crer que para assumir essas responsabilidades de governo no Rio de Janeiro, nós vamos ter que trabalhar juntos, vamos ser companheiros de viagem, vamos ter que trabalhar juntos por esta comunidade, porque vocês aqui têm as raízes sobre ela, não é verdade? Então falar em Rede Globo e falar no Rio de Janeiro é como falar de uma coisa só",[112] disse Brizola na ocasião.

Em junho de 2013, este equilíbrio se alterou negativamente para Lula.

A partir de então, os ataques se tornaram sistemáticos e muito mais agressivos. Graças aos esforços de pesquisadores da UERJ (Universidade do Estado do Rio de Janeiro), da Universidade Federal de Minas Gerais (UFMG) e da Pontifícia Universidade Católica de Minas Gerais (PUC Minas) foi possível elaborar estudos científicos sobre o tema com base em dados que são tanto empíricos quanto científicos.

Preparado pelo cientista político, sociólogo e mestre em filosofia, João Feres Júnior, o estudo da UERJ demonstra um verdadeiro massacre midiático contra o ex-presidente Lula entre 2015 e 2016.

Em 2018, período eleitoral, duas pesquisadoras de Minas Gerais também decidiram monitorar as ações do Jornal Nacional durante o ano. Ângela Carrato, jornalista e professora do Departamento de Comunicação da UFMG, e Eliara Santana, jornalista, doutora em Estudos Linguísticos pela PUC Minas/ Capes, analisaram mais de duzentas edições do Jornal Nacional durante esta fase. O objetivo foi observar os movimentos de

---

[111] BRIGAGÃO, Clóvis; RIBEIRO, Trajano. *Brizola*. São Paulo: Paz e Terra, 2015.

[112] MEMORIAL DA DEMOCRACIA. *Entrevista de Leonel Brizola a Armando Nogueira sobre o caso Proconsult*. 27 abril 2015. Disponível em: <https://www.youtube.com/watch?v=HM0VeAVaEJo>. Acesso em: 5 mar. 2019.

produção de sentido e a construção de estratégias discursivas para compreender como seriam trabalhadas em um ano eleitoral.

O projeto de pesquisa do sociólogo João Feres Júnior foi apresentado pelos advogados de defesa do ex-presidente Lula à Comissão Internacional de Direitos Humanos da Organização das Nações Unidas no dia 16 de novembro de 2016, com a realização de uma entrevista à imprensa internacional em Genebra, na Suíça, onde fica a sede da Comissão de Direitos Humanos da ONU.

Este levantamento demonstrou "que, entre dezembro de 2015 e agosto de 2016, foram ao ar (no JN) praticamente treze horas de notícias negativas sobre o ex-presidente (Lula), apenas quatro horas de noticiário considerado neutro e nem um único segundo de notícias com viés positivo".[113]

Ainda segundo o estudo, "a parcialidade do Jornal Nacional em relação a Lula fica evidente pelo fato de que metade de suas reportagens não contemplou o contraditório do ex-presidente, de sua assessoria ou de seus advogados".[114]

Ângela Carrato e Eliara Santana divulgaram ao site Viomundo.com.br, no dia 2 de outubro de 2018, os resultados do estudo sobre o Jornal Nacional.

"A mídia, em especial a televisiva (principal fonte de informação do brasileiro, em que se destaca o Jornal Nacional, com cerca de 70% de audiência), é um poderoso elemento que atua na forma como as pessoas passam a perceber a realidade. Percepção que se torna fundamental para, num momento seguinte, se posicionarem sobre essa mesma realidade",[115] introduz o texto da publicação.

---

[113] FERES Júnior, João. Universidade do Estado do Rio de Janeiro. 2016. Disponível em: <https://www.viomundo.com.br/voce-escreve/jornal-nacional-e-mostram-como-cena-de-aviao-marcou-operacao-de-silenciamento-do-ex-presidente-lula.html>. Acesso em: 3 out. 2019.

[114] Ibid.

[115] Ibid.

Manifestantes queimaram a bandeira do Partido dos Trabalhadores no feriado do dia 7 de setembro de 2011, em ato contra a corrupção na Avenida Paulista.

Cariacica, Espírito Santo, novembro de 2017. Lula descansa antes de falar para uma plateia de estudantes do Instituto Federal do Espírito Santo (IFES).

"Ressaltar esse aspecto é essencial, tendo em vista a divergência reinante entre os estudiosos da mídia. De um lado, aqueles que defendem que a mídia manipula a compreensão do público sobre os fatos, valendo-se para tanto de várias técnicas, entre elas o agendamento (*agenda setting*). De outro, os que defendem que o público tem autonomia e outras fontes de informação, sendo assim capaz de formar julgamento próprio (as teorias sobre deliberação)",[116] prossegue o texto das pesquisadoras de Minas Gerais.

"Os defensores da segunda visão estariam menos equivocados se no Brasil existissem, efetivamente, fontes plurais de informação (em especial também uma mídia pública), e não um monopólio comercial de mídia. Estariam menos equivocados se existisse aqui uma educação de qualidade para todos e uma população plenamente — e não apenas funcionalmente — alfabetizada",[117] ressalta a publicação.

"Há movimentos bastante precisos e coordenados em relação às edições do jornal nesse período, com um enquadramento muito bem construído a partir dos temas (assuntos principais em destaque), da qualificação dos agentes e da construção da cena enunciativa. É preciso ficar bem claro que o JN não está fazendo (se é que algum dia efetivamente fez) puramente jornalismo. Ele está tentando criar um repertório coletivo, recorrendo à memória discursiva, modalizando o dizer, com estratégias muito bem construídas do ponto de vista discursivo, para substituir a percepção e a memória que os telespectadores têm dos fatos. Dito de outra forma: o JN está tentando reescrever a história do Brasil, de acordo com os interesses da família Marinho e da elite dominante brasileira (e de seus apoiadores externos)",[118] pontuam as pesquisadoras de Minas Gerais.

[116] Ibid.

[117] Ibid.

[118] Ibid.

Ainda de acordo com este trabalho, esses aspectos são fundamentais para demonstrar como a discussão de temas relevantes no cenário nacional é circunscrita no e pelo Jornal Nacional, visando a determinadas interpretações e problematizações.

Por fim, o trabalho conclui que "em um processo eleitoral claramente atípico, com uma das candidaturas flertando abertamente com um posicionamento não democrático, arriscamos dizer que o Jornal Nacional age partidariamente, com boas estratégias que vão camuflar o dito — e o não dito. Se houver segundo turno, a Globo e o Jornal Nacional, a julgar pelo que foi verificado até agora em nossa pesquisa, não medirão esforços para transformá-lo num vale-tudo a serviço de seus interesses. E nem mesmo um 'terceiro turno', como o que Aécio (Neves) provocou em 2014, pode ser descartado. A mídia brasileira, em algum momento da história, terá de responder por ter dado suporte a um candidato claramente antidemocrático, fingindo se tratar de um candidato qualquer. Tempos quentes nos esperam",[119] concluíram Ângela e Eliara durante a publicação dos seus esforços.

A Rede Globo fez exatamente isso em 2013, quando, efetivamente, "respondeu (à sociedade) por ter dado suporte a um candidato (e regime em geral) claramente antidemocrático"[120] em 1964. No dia 2 de setembro, o jornalista William Bonner, âncora do Jornal Nacional, explanou uma publicação do editorial do jornal *O Globo* que afirmava com letras garrafais: "Apoio editorial ao golpe de 64 foi um erro."[121]

---

[119] Ibid.

[120] Rede Globo assume ter apoiado golpe militar (ditadura) de 64. 2 set. 2013. Disponível em: <https://www.youtube.com/watch?v=9OCvABy2pBg>.

[121] O GLOBO. *Apoio editorial ao golpe de 64 foi um erro*. 31 ago. 2013. Disponível em: <https://oglobo.globo.com/brasil/apoio-editorial-ao-golpe-de-64-foi-um-erro-9771604>. Acesso em: 25 fev. 2019.

"A introdução ao texto do site observa que o apoio do *O Globo* ao golpe (militar) é visto, internamente pelas Organizações Globo, como um erro há anos",[122] diz Bonner. "O site lembra que os principais órgãos da imprensa brasileira também apoiaram os militares em (19)64, por temerem que a democracia fosse atropelada pelo próprio presidente, João Goulart, com o apoio de sindicatos e de alguns segmentos das forças armadas, mas a intervenção militar para eliminar aquela ameaça e reconduzir o Brasil à democracia só devolveu a presidência a um civil 21 anos depois e numa eleição sem o voto popular. Em 1984, portanto, um ano antes do fim do regime militar, num editorial de primeira página, o jornalista Roberto Marinho afirmava que o jornal *O Globo* permanecia fiel aos objetivos iniciais do que chamava de Revolução de 64, mas revelava conflitos com os que se esqueceram de que os acontecimentos haviam se iniciado por exigência do povo brasileiro. O editorial alertava: sem povo não haveria revolução, mas apenas um pronunciamento ou golpe, com o qual não estaríamos solidários",[123] acrescentou Bonner.

O editorial diz ainda que "*O Globo* não tem dúvidas de que o apoio a 1964 pareceu aos que dirigiam o jornal e viveram aquele momento a atitude certa, visando ao bem do país. À luz da história, contudo, não há por que não reconhecer, hoje, explicitamente, que o apoio foi um erro. A democracia é um valor absoluto. E, quando em risco, ela só pode ser salva por si mesma".[124]

---

[122] Rede Globo assume ter apoiado golpe militar (ditadura) de 64. 2 set. 2013. Disponível em: <https://www.youtube.com/watch?v=9OCvABy2pBg>. Acesso em: 25 fev. 2019.

[123] O GLOBO, op. cit.

[124] Ibid.

A quase candidatura de Luciano Huck

Um bom exemplo para compreender na prática como este discurso não está alinhado com a realidade e como os principais veículos de comunicação e grupos econômicos do Brasil podem se tornar extremamente coesos quando possuem interesses em comum é obtido com o estudo de caso da quase candidatura do apresentador (da Rede Globo) Luciano Huck à Presidência da República, em 2018.

No dia 21 de novembro de 2017, a revista *Época* (Editora Globo, que pertence à família Marinho) publicou a seguinte manchete: "Huck aparece em guia eleitoral do (banco) Itaú como possível candidato ao Planalto."[125] O texto ressalta ainda que "o governador de São Paulo, Geraldo Alckmin, e o prefeito de São Paulo, João Doria, aparecem como possíveis candidatos do PSDB ao Planalto em um guia eleitoral de 2018, produzido pelo Itaú Unibanco (famílias Setubal e Moreira Salles) para investidores estrangeiros. Quem também está lá como postulante — não entre os tucanos — é o apresentador de TV Luciano Huck. 'Celebridade cujos episódios de seu programa alcançam audiência de 18 milhões de pessoas', diz o relatório".[126]

Apenas 48 horas depois, no dia 23 de novembro de 2017, o jornal *O Estado de São Paulo* (da família Mesquita) utilizou um instituto de pesquisa do próprio veículo, o Barômetro Político Estadão-Ipsos, para afirmar em suas páginas: "Aprovação a Huck cresce 17 pontos, afirma Ipsos."[127]

---

[125] RAMOS, Murilo. Huck aparece em guia eleitoral do Itaú como possível candidato ao Planalto. *Época*, 21 nov. 2017. Disponível em: <https://epoca.globo.com/politica/expresso/noticia/2017/11/huck-aparece-em-guia-eleitoral-do-itau-como-possivel-candidato-ao-planalto.html>. Acesso em: 20 jan. 2019.

[126] Ibid.

[127] BRAMATTI, Daniel. Aprovação a Huck cresce 17 pontos, afirma Ipsos. *O Estado de São Paulo*, 23 nov. 2017. Disponível em: <https://politica.estadao.com.br/noticias/geral,aprovacao-a-huck-cresce-17-pontos-afirma-ipsos,70002094180>. Acesso em: 20 jan. 2019.

Retrato do apresentador Luciano Huck feito para a coluna de Mônica Bergamo, no jornal Folha de S.Paulo, em março de 2014. O estudo de caso da quase candidatura de Huck à Presidência da República em 2018 demonstra como os principais grupos empresariais e de comunicação do Brasil podem se tornar extremamente coesos para atingir objetivos comuns.

No mesmo dia, apenas alguns minutos mais tarde, vários dos principais veículos de comunicação do Brasil reproduziram a "notícia", aparentemente sem a necessidade ou a intenção de verificar a veracidade dos fatos.

Às 10h43, o jornal *Valor Econômico* garantiu: "Pesquisa mostra Huck como presidenciável mais bem avaliado."[128] O texto reproduziu com fidelidade o que disse a matéria do *Estadão*, enfatizando que "o apresentador de TV e empresário Luciano Huck (sem partido) é o nome com melhor avaliação entre 23 possíveis candidatos à Presidência da República. Pesquisa do instituto Ipsos publicada pelo jornal 'O Estado de S. Paulo' desta quinta-feira (23) mostra que a aprovação de Huck cresceu 17 pontos de setembro até agora, passando de 43% para 60%".[129] Sessenta por cento, bradou o periódico!

A revista *Exame* (Grupo Abril, que nesta ocasião pertencia à família Civitta) seguiu a mesma linha: "Aprovação de Luciano Huck dispara e atinge 60% — Instituto Barômetro Político Estadão — Ipsos"[130], e a revista *Isto É* (Editora Três, da família Alzugaray) foi ainda mais longe, com o título "O fenômeno Huck".[131]

Somente três dias após todas essas publicações, o próprio Luciano Huck, por meio de um artigo publicado no jornal *O Estado de São Paulo*, no dia 27 de novembro de 2017, fez a sua

---

[128] VALOR. Pesquisa mostra Huck como presidenciável mais bem avaliado. Valor Econômico, 23 nov. 2017. Disponível em: <https://www.valor.com.br/politica/5203643/pesquisa-mostra-huck-como-presidenciavel-mais-bem-avaliado>. Acesso em: 20 jan. 2019.

[129] Ibid.

[130] BRETAS, Valéria. Aprovação de Luciano Huck dispara e atinge 60%, diz pesquisa. *Exame*, 23 nov. 2017. Disponível em: <https://exame.abril.com.br/brasil/aprovacao-de-luciano-huck-dispara-e-atinge-60-diz-pesquisa/>. Acesso em: 20 jan. 2019.

[131] OLIVEIRA, Germano; SOLITTO, André. O fenômeno Huck. *Isto É*, 24 nov. 2017. Disponível em: <https://istoe.com.br/o-fenomeno-huck/>. Acesso em: 20 jan. 2019.

parte ao dizer que, apesar de todo o clamor popular, não era candidato à corrida presidencial.[132]

No dia 15 de fevereiro de 2018, Huck desistiu da candidatura que havia anunciado não existir algumas semanas antes.[133]

Quase que por osmose e por conta de algumas inclinações ideológicas muito semelhantes, basicamente todos os principais veículos de comunicação do Brasil (telejornais, revistas, sites e jornais impressos) alinharam-se de forma uníssona, considerando determinadas narrativas, como a tentativa de emplacar um candidato próprio e o constante ataque à imagem de Lula (e do PT), mais enfaticamente a partir de 2013, explorando a eventual prisão do ex-presidente como um espetáculo da dramaturgia.

Entre agosto de 2016 (data do impedimento de Dilma Rousseff) e outubro de 2018 (Eleições), somente a *Veja* (Grupo Abril), por exemplo, possivelmente uma das revistas mais influentes do Brasil nesta época, publicou 48 capas que, de alguma maneira (direta ou indiretamente), caracterizavam o ex-presidente Lula como o chefe de uma quadrilha criminosa (PT) que assaltou o Brasil, e a Operação Lava Jato, comandada pelo ex-juiz Sérgio Moro, como a solução para o problema da corrupção. Somente em 2017, ano pré-eleitoral, foram 28 capas aludindo à mesma narrativa, o que representa uma média superior a uma capa a cada duas semanas. Durante o ano inteiro.

---

132 EQUIPE AE, ESTADÃO CONTEÚDO. Em artigo, Luciano Huck anuncia que não é candidato a presidente. *O Estado de São Paulo*, 27 nov. 2017. Disponível em: <https://politica.estadao.com.br/noticias/geral, em-artigo-luciano-huck-anuncia-que-nao-e-candidato-a-presidente,70002098264>. Acesso em: 21 jan. 2019.

133 JARDIM, Lauro. Luciano Huck desiste de vez de ser candidato. *O Globo*, 15 fev. 2018. Disponível em: <https://blogs.oglobo.globo.com/lauro-jardim/post/huck-desiste-de-vez-de-ser-candidato.html>. Acesso em: 21 jan. 2019.

Já a revista *Isto É* (Editora Três), entre o impedimento de Dilma e as Eleições de Outubro de 2018, publicou 55 capas semanais avançando esta mesma agenda, o que também representa uma média superior a uma capa publicada a cada duas semanas. Durante dois anos e dois meses.

A revista *Época* (Editora Globo) publicou 31 capas estruturando este raciocínio e a *Exame* (Abril) deu pelo menos nove capas com esta mensagem neste mesmo período.

A edição de número 1.125 da revista *Exame*, publicada no dia 9 de novembro de 2016, pouco mais de dois meses após o impedimento de Dilma Rousseff e queda do PT, estampou a pergunta "Os Bons tempos voltaram?"[134] em sua capa, com balões de festa ao fundo.

O empresariado e a força do corporativismo

Outro fator preponderante para a agudização do antipetismo na sociedade brasileira, principalmente durante o período pré-eleitoral de 2018, foi o capital corporativo. Nos escritórios e ambientes profissionais de basicamente todas as dez maiores corporações que atuam em São Paulo (maior mercado do Brasil), por exemplo, era notória a atmosfera antipetista e a torcida contra o PT consagrou-se de forma quase institucionalizada.

"Ninguém fala porque as pessoas sentem medo de perder o emprego, mas existia, sim, um clima claro de antiPT que estava sendo orientado de cima para baixo, de forma coesa, mas tácita", revelou M.V.D., diretor executivo de uma grande empresa multinacional, sob a condição de não ter o seu nome nem o da companhia revelados nesta publicação.

[134] EXAME. *Os Bons tempos Voltaram?*. 1.125 ed., 9 nov. 2016. Disponível em: <https://exame.abril.com.br/edicoes/1125/>. Acesso em: 19 jan. 2019.

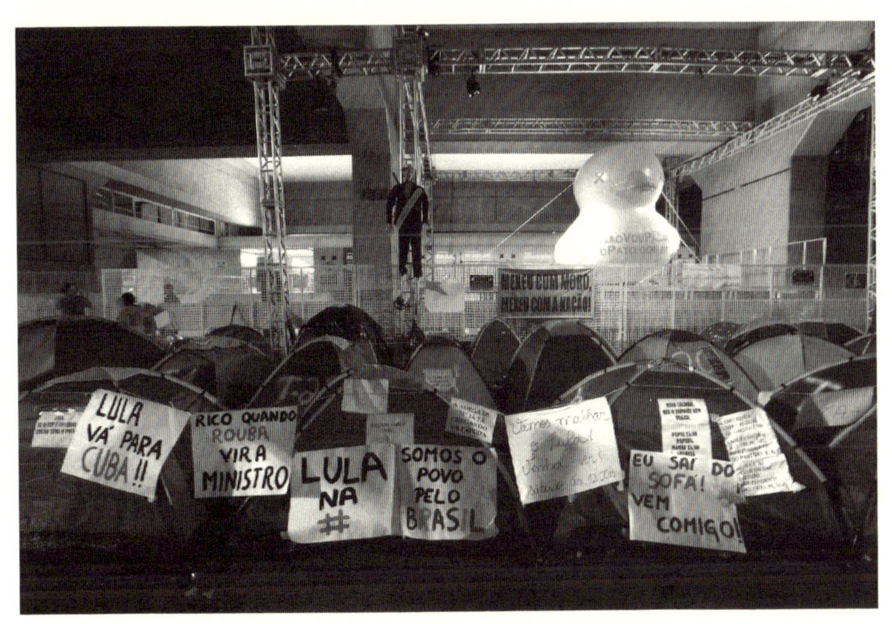

Em março de 2016, o Movimento Brasil Livre (MBL) organizou uma vigília e pendurou o boneco do presidente Lula, tal como um Judas, em frente à Federação das Indústrias do Estado de São Paulo (FIESP).

O prédio da FIESP, na Avenida Paulista, em São Paulo, foi usado como símbolo político durante momentos decisivos nos últimos anos.

Muitas vezes, os métodos empregados pelo empresariado não foram tão sutis e coordenados. De acordo com uma matéria publicada no dia 18 de outubro de 2018 pela *Folha de São Paulo*, "um grupo de empresários partidários do presidenciável Jair Bolsonaro (PSL) pagou por disparos em massa de mensagens pelo WhatsApp. Cada contrato para este fim chega a custar até R$ 12 milhões. A medida, contudo, é ilegal",[135] destaca o texto da matéria do jornal.

O catarinense Luciano Hang, por exemplo, proprietário da rede de lojas de departamento Havan, gravou vídeos para os seus funcionários afirmando que, caso a "esquerda"[136] vencesse as eleições presidenciais, eles talvez perdessem o emprego. Disse ainda que os partidos de esquerda transformariam o Brasil "em uma Venezuela"[137] e são associados ao "comunismo do mal, contra os valores da família e o emprego",[138] disparou Hang, que em 2019 entrou para a lista de bilionários da revista *Forbes*.[139]

Usando uma camiseta de apoio ao candidato Jair Bolsonaro, ele fez uma transmissão ao vivo[140] pelo Facebook, no dia 3 de

---

[135] CAMPOS MELLO, Patrícia. Empresários bancam campanha contra o PT pelo WhatsApp. *Folha de São Paulo*, 18 out. 2018. Disponível em: <https://www1.folha.uol.com.br/poder/2018/10/empresarios-bancam-campanha-contra-o-pt-pelo-whatsapp.shtml>. Acesso em: 18 out. 2018.

[136] Apoiador de Bolsonaro, dono da Havan entra para lista de bilionários. *Folha de São Paulo*, Disponível em: <https://www1.folha.uol.com.br/mercado/2019/03/forte-apoiador-de-bolsonaro-dono-da-havan-entra-para-lista-de-bilionarios.shtml?utm_source=instagram&utm_medium=social&utm_campaign=igfolha>. Acesso em: 10 abril 2019.

[137] Ibid.

[138] Ibid.

[139] ANTUNES, Anderson. Brazil Bounces Back With A Slew Of New Billionaires. *Forbes*, 5 mar. 2019. Disponível em: <https://www.forbes.com/sites/andersonantunes/2019/03/05/brazil-bounces-back-with-a-slew-of-new-billionaires/#771e5933650f>. Acesso em: 10 mar. 2019.

[140] MATOS, José. *Dono da Havan humilha funcionários em campanha para Bolsonaro.* Disponível em: <https://www.youtube.com/watch?v=A0mophsQnsI>. Acesso em: 6 mar. 2019.

outubro de 2018, quando organizou centenas dos seus funcionários uniformizados em formação militar para cantarem o Hino Nacional do Brasil. Após o hino e utilizando uma abordagem que se assemelha ao que fazem os pastores evangélicos, Hang discursou durante quarenta minutos sobre os perigos do comunismo e como os trabalhadores tinham uma única opção para salvar os seus empregos e as suas famílias da "esquerda": eleger Jair Bolsonaro ainda no primeiro turno.

Em outro vídeo,[141] que foi postado pelo próprio Bolsonaro em sua conta de Twitter, no dia 28 de agosto de 2018, Hang aparece ao lado de Mário Gazin, a quem apresenta como "uma lenda do varejo brasileiro"[142] e pede orientações sobre em quem votar em outubro.

Após a pergunta sobre quem seria o candidato de Gazin, o empresário responde enfaticamente. "Primeiro turno, Bolsonaro. Pra não ter escolha, pra nós não ter que gastar mais dinheiro, pra não ficar todo mundo gastando com o segundo turno. Então é no primeiro. Quem está indeciso é lá. É lá que tem que ser, porque acabou. Nós gasta [*sic*] menos dinheiro",[143] afirma Mário Gazin, sem demonstrar nenhum constrangimento.

Paralelamente a toda a influência exercida pela mídia e pelo mercado corporativo, o antipetismo foi viabilizado como extrema força política entre 2013 e 2018 por uma combinação histórica de outros dois motivos centrais:

(1) A doutrina dos contrários, do pensamento filosófico de Heráclito, que explica o processo de

---

141 DELGADO, Malu; MENDONÇA, Ricardo; MURAKAWA, Fábio. Empresário queria eleger Bolsonaro no 1º turno para "não gastar mais". *Valor Econômico*, 19 out. 2018. Disponível em: <https://www.valor.com.br/politica/5936693/empresario-queria-eleger-bolsonaro-no-1-turno-para-nao-gastar-mais>. Acesso em: 21 out. 2019.

142 Ibid.

143 Ibid.

interdependência entre dois conceitos opostos, em luta permanente, onde um não pode existir sem o outro. Nada existiria se não existisse, ao mesmo tempo, o seu oposto. Em um contexto sociopolítico cada vez mais polarizado e maniqueísta, o PT estava no poder havia quatorze anos e o efeito contrário a esta força social à esquerda no espectro político por tanto tempo gerou certa inclinação natural à direita em 2018. (2) As bases filosóficas sobre as quais o antipetismo foi construído e fortalecido remetem a uma expressão do elitismo histórico que basicamente todos os ocidentais trazem em suas raízes neste começo de século XXI.

Elitismo histórico-Cultural

Elitismo histórico-cultural é a força social historicamente constituída, presente na organização das sociedades humanas desde a Revolução Neolítica e que atua de forma a estruturar os arranjos sociais com base em um parâmetro elitista que se manifesta de múltiplas maneiras de acordo com a época e a cultura em questão.

Muitos déspotas fizeram uso dos elitismos históricos ao longo dos últimos séculos, adaptando-os de acordo com os seus respectivos contextos e necessidades imediatas para se manter no poder. Portanto, qualquer filosofia que se organize com base em parâmetros elitistas e excludentes, de forma a criar uma "hierarquia moral"[144] via uma "gramática da desigualdade"[145], pode ser enquadrada nessa categoria.

[144] SOUZA, Jessé.

[145] Sobre esse tema, leia os livros A guerra contra o Brasil, A classe média no espelho: sua história, seus sonhos e ilusões, sua realidade e A Elite do atraso: da escravidão a Bolsonaro.

No Brasil, muitos intelectuais recorrem a termos como "racismo estrutural", "racismo racial", "racismo cultural", "racismo científico", "viralatismo", misoginia, "homofobia", "transfobia", machismo e chauvinismo, por exemplo, para falar dos elitismos históricos. São narrativas sociais, culturais e historicamente desenhadas para fazer a manutenção dos privilégios políticos e econômicos de grupos específicos sobre a maior parte da população no que tange a organização e o controle das sociedades de basicamente todas as nações ocidentais até a presente data.

Nos últimos quinhentos anos, essas "tramas simbólicas de valores e ideias"[146] foram orquestradas para determinar que (primeiro os nativos do norte, depois) os povos do Hemisfério Sul eram desprovidos de racionalidade e inferiores moral e eticamente, o que significava que, para o seu próprio desenvolvimento, eles deveriam ser colonizados pelos europeus.

Esse subtítulo do capítulo, que foi revisado e ampliado para a segunda edição desse livro, considera especificamente a expressão mais recente e vigente até os dias atuais dos elitismos históricos no Brasil, que foram fundamentais à ascensão e manutenção do bolsonarismo.

Assim, após mais de quatrocentos anos de escravidão no Ocidente e pouco menos de cem anos depois de a Lei Áurea (1888) ser assinada pela princesa Isabel no Brasil, mais precisamente, na década de 1980, duas tendências que ficaram conhecidas como "reducionismo biológico" e "determinismo genético" ganharam muita força entre as comunidades científicas estadunidense, britânica e europeia, em geral.

O intuito destas linhas de investigação era tentar explicar o ser humano utilizando parâmetros exclusivamente fisiológicos (reações químicas e físicas que acontecem no organismo humano) e, supostamente, predeterminados, sem levar em conta toda a complexidade das relações humanas e a importância

[146] Ibid.

dos ambientes culturais e sociais nos quais os indivíduos se desenvolvem.

Neste contexto, dois livros se destacaram, porque as suas teses transcenderam os muros das universidades e ganharam ressonância na cultura popular da época: *The Selfish Gene* (O Gene Egoísta), do biólogo britânico Richard Dawkins, e *Sociobiology* (Sociobiologia), do entomologista estadunidense Edward Osborne Wilson.

Essencialmente, o livro O Gene Egoísta sugere que o ser humano é meramente o produto dos seus genes. Portanto, de acordo com este raciocínio, tudo o que fizermos durante a vida (e a forma como nos constituímos como indivíduos) está predeterminado no nosso material genético.

O livro Sociobiologia foi um passo à frente no pré-determinismo. Nele, Wilson afirma que o comportamento dos seres humanos é determinado por aspectos biológicos e universais e que incluem a agressão, a dominação dos homens sobre as mulheres, o racismo e a homofobia, por exemplo, entre tantos outros padrões de comportamento que estariam programados de forma irremediável nos nossos genes e não poderiam ser evitados, portanto. Ou seja, os elitismos históricos seriam parte do que é ser humano no nível ontológico.

Para refutar estes conceitos (reducionismo biológico e determinismo genético), o neurocientista britânico Steven Rose, em parceria com o geneticista estadunidense Richard Lewontin e o psicólogo e também estadunidense Leon Kamin, escreveu um livro intitulado *Not In Our Genes* (Não nos nossos genes).

"Uma das maiores polêmicas dos Estados Unidos e da Inglaterra durante as décadas de 1970 e 1980 foi sobre o que eu chamo de racismo científico, que era, basicamente, a afirmação de que os brancos são dominantes sobre os negros, porque os negros possuem uma inteligência geneticamente inferior aos brancos"[147], explica Rose.

[147] Entrevista concedida ao autor em 16 de outubro de 2016.

Monica Mendes, estudante do curso de Saúde Pública da Universidade de São Paulo (USP), alegou ter sido impedida de entrar na faculdade de Medicina por ser negra. Maio de 2014.

Jair Bolsonaro e Hamilton Mourão fizeram diversas declarações (reducionistas e pré-deterministas) públicas no sentido de avançar essas narrativas que caracterizam negros, gays e indígenas como seres inferiores. Bolsonaro disse textualmente que alguns "quilombolas não servem para procriar" e que o brasileiro estaria "acostumado com o esgoto", enquanto Mourão afirmou que "a malandragem é oriunda do africano".

Para sustentar tais falácias, testes de Quociente de Inteligência (QI) foram desenvolvidos (e continuam sendo utilizados) para determinar o "nível de inteligência" de uma pessoa, partindo do pressuposto que a inteligência é um valor genético, absoluto, predeterminado para todos os seres humanos, independente dos processos sociais e que pode, portanto, ser medido em determinada escala, o que cria sujeitos fortes ou fracos no quesito 'inteligência".

"Para começar, a proposição de que você pode reduzir a definição do que é a inteligência para medir em uma escala certamente não faz o menor sentido. Contudo, estes livros venderam muitas cópias, se tornaram muito conhecidos na cultura popular, e a tese do determinismo genético, particularmente a suposição de que existe uma diferença genética considerando a inteligência de brancos e negros, tornou-se parte do discurso da extrema-direita nos Estados Unidos, na Inglaterra e até na França, onde estas falsas concepções foram usadas por um movimento que ficou conhecido como *Nouvelle Droite* (A Nova Direita), por exemplo. Eles insistiam que a sociobiologia diz que o egoísmo e o racismo estão nos nossos genes e que estas condições formam, inevitavelmente, parte do que é ser humano"[148], pondera o neurocientista.

No Brasil, essas ideias foram (e continuam sendo) fundamentais para o bolsonarismo e servem de base para diversos dogmas religiosos. "Segundo, o raciocínio por trás do determinismo genético para estabelecer um valor de QI também caracteriza um entendimento equivocado tendo em vista as possibilidades da

[148] Ibid.

própria genética enquanto disciplina. Felizmente, o mundo evoluiu e a compreensão de como a genética e as neurociências atuam no comportamento humano é muito mais ampla e integral hoje do que era há trinta anos"[149], complementa Rose.

A questão neste caso é que, uma vez estabelecidas, certas narrativas podem perdurar por muitas décadas até perderem a influência que exercem sobre a forma como populações inteiras e grupos políticos organizam as suas ideias e os seus discursos.

Exatamente por isso, ainda como então pré-candidato à Presidência da República, Jair Bolsonaro fez ataques de cunho racista, em tom de piada, contra negros durante um discurso no Clube Hebraica, no Rio de Janeiro, em abril de 2017.

"Eu fui num quilombo. O afrodescendente mais leve lá pesava sete arrobas. Não fazem nada. Eu acho que nem para procriador ele serve mais", disse o então futuro presidente do Brasil.

Este tipo de raciocínio, que ataca negros, gays e mulheres, é percebido como "humor", de forma natural ou como "brincadeira" por boa parte da população brasileira por conta das associações implícitas que permeiam toda a visão de como o mundo funciona (ou deve funcionar) de acordo com os elitismos históricos, o pré-determinismo genético e o reducionismo biológico.

Ainda de acordo com Rose, esta tendência (reducionista e pré-determinista) de perceber a realidade está relacionada, de certa forma, com a maneira como os povos ocidentais vêm fazendo ciência nos últimos quatrocentos anos.

"Toda a história do desenvolvimento da ciência no Ocidente desde o século XVII vem sendo uma tentativa de reduzir os objetos de estudo. Isso significa reduzir o complexo para o simples. Reduzir o biológico para o químico ou o físico. Este reducionismo é um aspecto-chave da metodologia científica. Nós não podemos realizar experimentos no laboratório sem reduzir as coisas, sem remover o quanto for possível todos os elementos do ambiente

[149] Ibid.

externo. Então, como neurocientista, eu treino os meus animais em pequenas caixas para tentar controlar tudo e alterar uma variável por vez, para em seguida perguntar questões muito básicas sobre como reage o comportamento ou a química (presente no organismo) do animal"[150], detalha o acadêmico.

Contudo, a vida real não acontece desta forma. "A vida real envolve o desenvolvimento, a mudança, uma interação constante com o seu meio, seja você um rato ou um ser humano. O problema é que esta metodologia reducionista representa quase o único jeito que nós temos de perguntar e responder as questões na ciência", prossegue Rose.

"Esta acabou se tornando uma forma predominante de olhar também para as questões supercomplexas da psicologia, por exemplo. Muitos livros foram escritos por psicólogos, filósofos e neurocientistas para tentar reduzir a complexidade da experiência humana às propriedades das células do organismo. Reduzir a consciência, reduzir tudo o que acontece dentro da mente às propriedades dos neurônios contidos no cérebro. Então, surgem livros com nomes como The Ethical Brain(O Cérebro Ético), The Social Brain (O Cérebro Social), The Synaptic Self (O ser sináptico), The Tell-Tell Brain (O Cérebro Tell-Tell), como se a pessoa fosse reduzida ao cérebro que possui dentro da cabeça", enfatiza Rose. "E esse reducionismo é um jeito muito poderoso de tentar explicar a condição humana. Eu tenho genes que construíram o meu cérebro de uma forma específica e eu venho me comportando de determinada maneira porque o meu cérebro está constituído deste modo. Este é o argumento da neurociência reducionista e da genética reducionista"[151], garante Rose.

Uma abordagem genética mais recente e integral ficou conhecida como a revolução epigenética. "O que a epigenética nos demonstrou, de fato, é que nós precisamos entender o

[150] Ibid.

[151] Ibid.

desenvolvimento (da vida) como o resultado de uma interação complexa e dialética entre os genes e o ambiente. E organismos, não apenas os seres humanos, mas até os seres unicelulares, não são meros objetos passivos, mas fatores ativos na formação das suas próprias experiências ou destinos. Até uma simples bactéria, por exemplo. Caso você coloque-a em uma gota d'água e depois adicione um pouco de açúcar na água, ela vai nadar em direção à parte doce da gota. Portanto, ela escolhe um ambiente e evita o outro. Ao escolher o ambiente, ela também o altera e é alterada por ele"[152], conclui o neurocientista.

Em um nível muito básico, ao escolher um ambiente em detrimento de outro, uma bactéria ajuda a constituir e é constituída pelo novo meio que se forma a partir desta escolha. Como disse Steven Rose, esta dinâmica se aplica para bactérias, ratos ou humanos. Apesar disso, as bactérias não têm discernimento para entender como são nocivos os reducionismos, determinismos e elitismos. Os humanos têm.

Dogma religioso

No dia 24 de outubro de 2018, três dias antes do segundo turno das eleições para presidente, o Ibope apresentou uma pesquisa[153] segundo a qual o aspecto mais significativo para explicar o sucesso de Bolsonaro talvez estivesse na religião. Entre os católicos, Bolsonaro aparecia com 47%, contra 41% de Haddad. Entre os evangélicos, porém, a diferença foi muito maior: 59% a 27%, respectivamente.

---

[152] Ibid.

[153] O GLOBO. *Ibope: Bolsonaro cai entre evangélicos e no Sudeste; Haddad, entre menos escolarizados e no Nordeste. O Globo*. Disponível em: <https://oglobo.globo.com/brasil/ibope-bolsonaro-cai-entre-evangelicos-no-sudeste-haddad-entre-menos-escolarizados-no-nordeste-23181079>. Acesso em: 24 out. 2018.

"Povo abençoado do Brasil. Jair Messias Bolsonaro é presidente do Brasil. A mentira, o engano, a corrupção, a imoralidade caíram por terra. Prevaleceu a verdade, prevaleceu a justiça, prevaleceu o combate à corrupção [...]", frase do pastor Silas Malafaia em outubro de 2018, logo após confirmada a eleição de Bolsonaro. O retrato é de julho de 2011, época em que o pastor já se envolvia em polêmicas contra o público LGBT.

Outra investigação feita pelo instituto Datafolha,[154] em dezembro de 2016, mostrou que três em cada dez brasileiros (29%) com 16 anos ou mais são evangélicos. Deste número, 22% são pentecostais e pertencem a igrejas como Assembleia de Deus, Igreja Universal do Reino de Deus, Congregação Cristã e Igreja do Evangelho Quadrangular. Os outros 7% pertencem a outras ramificações do protestantismo, como as igrejas Batista, Metodista e Presbiteriana, chamadas de evangélicas históricas.

Segundo o último Censo do IBGE, o número de evangélicos no País cresceu 61% em dez anos. Havia, em 2010, 42.310.000 evangélicos no Brasil: 22,2% da população naquela data.[155]

Em 2014, o Pew Research Institute realizou um estudo do panorama das crenças na América Latina, com amostragem em dezoito países da região, incluindo o Brasil. "Grande parte do movimento (de migração) do catolicismo para o protestantismo na América Latina ocorreu no espaço de uma única vida. De fato, na maioria dos países pesquisados, pelo menos um terço dos atuais evangélicos foram criados na Igreja Católica, e metade ou

---

[154] A pesquisa, que foi intitulada *Perfil e Opinião dos Evangélicos no Brasil*, entrevistou aproximadamente três mil pessoas, em 174 municípios do País, e demonstra quais são as principais denominações presentes no Brasil, e onde está localizado o maior número de seus membros. Ver: INSTITUTO DATAFOLHA. *Perfil e opinião dos evangélicos no Brasil*. Dez. 2016. Disponível em: <http://www.pesquisas.org.br/wp-content/uploads/2017/08/perfil_e_opiniao_dos_evangelicos_no_brasil.pdf>. Acesso em: 19 abril 2019.

[155] IBGE. *Censo 2010: número de católicos cai e aumenta o de evangélicos, espíritas e sem religião*. 29 jun. 2012. Disponível em: <https://censo2010.ibge.gov.br/noticias-censo.html?view=noticia&id=1&idnoticia=2170&busca=1&t=censo-2010-numero-catolicos-cai-aumenta-evangelicos-espiritas-sem-religiao>. Acesso em: 20 abril 2019. Ver também: G1. *Número de evangélicos aumenta 61% em 10 anos, aponta IBGE*. 29 jun. 2012. Disponível em: <http://g1.globo.com/brasil/noticia/2012/06/numero-de-evangelicos-aumenta-61-em-10-anos-aponta-ibge.html>. Acesso em: 20 abril 2019.

mais dizem que foram batizados como católicos[...]",[156] ressalta o texto que apresentou a investigação.

O estudo perguntou aos ex-católicos que se converteram evangélicos sobre as razões pelas quais eles assim escolheram. "Das oito possíveis explicações oferecidas na pesquisa, a mais citada foi a busca de uma conexão mais pessoal com Deus. Muitos ex-católicos também disseram que se tornaram evangélicos porque queriam um estilo diferente de adoração ou uma igreja que ajudasse mais os seus membros",[157] acrescenta a publicação.

Além disso, ao contrário do que sempre aconteceu no catolicismo, as lideranças evangélicas emergem do próprio povo, principalmente nas comunidades que são negligenciadas pelo poder público e se tornam mais carentes. Este é um aspecto fundamental para explicar o crescimento vertiginoso dos evangélicos no Brasil.

No dia 4 de outubro de 2018, uma dessas lideranças que surgiu da população e não tinha nenhuma formação religiosa prévia, um pastor evangélico da cidade de Bertioga, localizada no litoral norte do Estado de São Paulo, usou a rede social Instagram para manifestar o seu apoio à candidatura de Bolsonaro.[158]

Em uma foto na qual aparecia vestindo uma camiseta que trazia o nome do candidato e a frase "Brasil acima de tudo, Deus acima de todos", o pastor publicou a legenda "O nosso Brasil mudou" para justificar o seu voto.

Quando questionado sobre os motivos que o levaram a adotar esta postura e como o Brasil teria mudado, o pastor

---

[156] PEW RESEARCH CENTER. *Religion in Latin America:* Widespread Change in a Historically Catholic Region. 13 Nov. 2014. Disponível em: <http://www.pewforum.org/2014/11/13/religion-in-latin-america/>. Acesso em: 16 jan. 2019.

[157] Ibid.

[158] Este caso específico é apresentado por ser sintomático, considerando um comportamento que foi adotado por evangélicos em todo o Brasil.

respondeu que "não apoia a incitação à violência e à discriminação, mas sentia uma forte identificação com a defesa dos valores da família tradicional", retórica que foi exaustivamente utilizada pela campanha de Bolsonaro. "Eu não vou perder o meu tempo lhe explicando muito, mas, se não for ele (Bolsonaro), quem nos resta? Estes comunistas?", indagou o pastor, assumindo um tom nitidamente mais irritado e agressivo.

No dia 28 de outubro de 2018, momentos após a confirmação da vitória de Bolsonaro, Silas Malafaia, presidente da Assembleia de Deus Vitória em Cristo e um dos evangélicos mais influentes do Brasil, também usou o Instagram para comentar o resultado das eleições com a publicação de um vídeo.

"Povo abençoado do Brasil. Jair Messias Bolsonaro é presidente do Brasil. A mentira, o engano, a corrupção, a imoralidade caíram por terra. Prevaleceu a verdade, prevaleceu a justiça, prevaleceu o combate à corrupção, prevaleceu a honestidade, prevaleceu a gana e o amor à pátria de fazer um Brasil melhor e um Brasil diferente", bradou Malafaia, que nesta data possuía 1,6 milhão de seguidores somente nesta rede social.

Já o bispo Edir Macedo, líder da Igreja Universal do Reino de Deus (IURD) e dono da TV Record (segunda maior emissora de TV do Brasil), declarou o seu voto em favor de Bolsonaro no dia 29 de setembro de 2018. O religioso da maior igreja neopentecostal do País (e a mais influente eleitoralmente) usou o seu perfil na rede social Facebook para responder ao questionamento de um fiel da IURD, que desejava saber quem ele apoiaria na eleição para presidente.[159]

O corretor de imóveis A.M., simpatizante de Bolsonaro, comentou em um vídeo de Macedo, cujo conteúdo não estabelecia nenhuma relação com a eleição presidencial: "Queremos saber, bispo, do seu posicionamento sobre a eleição pra presidente."

[159] Este caso específico é apresentado por ser sintomático, considerando um comportamento que foi adotado por evangélicos em todo o Brasil.

O bispo Macedo ofereceu a resposta de forma categórica: "Bolsonaro." Em eleições anteriores, a Igreja Universal apoiou a ex-presidente Dilma Rousseff, mas saiu do governo e apoiou o impedimento para comandar o Ministério da Indústria no governo Michel Temer.

O corretor comemorou o posicionamento e enfatizou que esta eleição se tratava mais do que apenas uma disputa política. "Concordo plenamente. Esta eleição não é apenas uma luta política. Avançamos atacando o mal todo o dia e ele está revoltado contra o nosso povo. Seria interessante se o senhor e toda a cúpula da igreja viessem a público para exteriorizar este pensamento. Eu sou a Universal e também estou com Bolsonaro, só que muitos de nossos membros ainda estão indecisos e uma palavra sua ajudaria muita gente a se decidir", disse o fiel do bispo Macedo.

A IURD optou por ficar "neutra", de maneira formal, na disputa presidencial, sem fazer declarações oficiais nem indicar qualquer posição. Vários líderes religiosos evangélicos esperavam um posicionamento de Edir Macedo. Oficialmente, a igreja disse em nota, no dia 1º de outubro de 2018, que "incentiva a todos os cristãos, de todas as denominações, a escolherem candidatos comprometidos com os valores da família e da fé".

A ligação entre a campanha de Bolsonaro e os líderes da IURD foi realizada, em grande medida, pelos integrantes da comunidade judaica, que colaboram com a campanha do PSL e possuem laços estreitos com a cúpula da igreja. A Universal adotou a simbologia judaica, e o ex-capitão também passou a se posicionar de acordo com as bandeiras defendidas por Israel. Em 2016, Bolsonaro foi batizado no Rio Jordão pelo pastor Everaldo Pereira, da Assembleia de Deus Ministério Madureira.

No dia 1º de janeiro de 2019, Benjamin Netanyahu, primeiro-ministro de Israel, foi o principal estadista internacional a comparecer pessoalmente à cerimônia de posse do novo presidente do Brasil.

Macedo também ofereceu o horário nobre da TV Record para promover o candidato do PSL. Alegando questões de saúde ligadas ao atentado que sofreu no dia 6 de setembro, Bolsonaro não participou do debate promovido pela TV Globo na noite do dia 4 de outubro, mas concedeu entrevista de vinte e seis minutos à TV Record e, ao longo daquele dia, conversou com jornalistas de duas emissoras de rádio, ambas de Pernambuco.

"Será que eu sou tão mau assim? Eu quero o mal de todo o mundo? De mulheres, de negros, de nordestinos? De quem recebe Bolsa Família? De pobre? Não é verdade. Eles não podem me chamar de corrupto. Sempre combati a corrupção. Sempre preguei a união de todos nós. Uma só bandeira. Um só coração verde e amarelo. O Brasil que quer mudanças, o Brasil que não quer mais corrupção, o Brasil que quer as crianças respeitadas em sala de aula e acredita na família. É o Brasil que respeita as religiões",[160] enfatizou Bolsonaro à TV Record em uma entrevista que mais parecia um discurso político organizado sob medida para falar com o público mais conservador do Brasil.

Não por acaso, após a vitória nas eleições, Bolsonaro concedeu a sua primeira entrevista exclusiva à TV Record,[161] no dia 29 de outubro de 2018.

O apóstolo Valdemiro Santiago, fundador da Igreja Mundial do Poder de Deus, usou as redes sociais para declarar apoio a Bolsonaro. Em vídeo publicado no YouTube, no dia 9 de outubro de 2018, Santiago dirigiu-se especialmente ao Nordeste brasileiro.

"Este vídeo é para todos os brasileiros, mas, especialmente, para os irmãozinhos do Nordeste, da região Nordeste do País, que eu também chamo de meus filhinhos. Chegou a

---

[160] Disponível em: https://www.youtube.com/watch?v=gtCoUKa2dHI

[161] R7. Bolsonaro concede primeira entrevista à Record TV como presidente do Brasil. *Jornal da Record*, 29 out. 2018. Disponível em: <http://recordtv.r7.com/jornal-da-record/videos/bolsonaro-concede-primeira-entrevista-a-record-tv-como-presidente-do-brasil-29102018>. Acesso em: 29 out. 2018.

hora de mudar. Nordeste, vem conosco, vem comigo, vem pro Bolsonaro",[162] pregou o pastor, fazendo alusões ao desemprego, à criminalidade e à falta de saúde para, em seguida, oferecer o candidato do PSL como uma nova solução para construir um Brasil diferente.

Outro líder evangélico bastante popular no Brasil, Romildo Ribeiro Soares, mais conhecido como R.R. Soares, fundador e líder da Igreja Internacional da Graça de Deus, usou uma abordagem mais apelativa para convencer os seus fiéis. "Eu vou votar no Bolsonaro. Eu examinei os projetos e achei o dele o melhor, principalmente no caso da ideologia de gênero. Estão tentando convencer meninos que podem ser meninas ou meninas que podem ser meninos. Isso é uma loucura. A natureza já reservou, por ordem de Deus, quem aqui será",[163] disse o autointitulado missionário em vídeo que foi publicado via YouTube no dia 5 de outubro de 2018.

Bem menos conhecido pelas grandes massas evangélicas, Josué Valandro Júnior, pastor e presidente da Igreja Batista Atitude, instituição frequentada por Michelle Bolsonaro, ofereceu o altar da sua igreja como palanque para Bolsonaro no dia 21 de agosto de 2018.

"Eu estive com o deputado Jair Bolsonaro no encontro de pastores e líderes do Brasil inteiro, pastores de grandes igrejas, em Belo Horizonte, na semana passada, quarta-feira passada. Eu vi as pessoas abraçando e orando por este homem (Bolsonaro) e clamando muito a Deus, acreditando muito em você ali",[164] disse

[162] JM NOTÍCIA. *Valdemiro Santiago pede aos nordestinos que apoiem Bolsonaro*. 10 out. 2018. Disponível em: <https://www.jmnoticia.com.br/2018/10/10/valdemiro-santiago-pede-aos-nordestinos-que-apoiem-bolsonaro/>. Acesso em: 11 out. 2018.

[163] MISSIONÁRIO RR SOARES. *Minha opinião sobre Jair Bolsonaro*. 5 out. 2018. Disponível em: <https://www.youtube.com/watch?v=wJ96j6-xz4A>. Acesso em: 7 out. 2018.

[164] GOSPEL+. *Pastor Josué Valandro Jr. ora por Jair Bolsonaro — Notícias Gospel+*. 21 ago. 2018. Disponível em: <https://www.youtube.com/watch?v=VxaMa2oamI0>.

Valandro Júnior, colocando o braço direito sobre o ombro de Bolsonaro. "Pastores de enormes igrejas. Nós tínhamos ali três milhões de votos representados, aproximadamente. Foi muito forte",[165] entregou o pastor.

Edir Macedo, Silas Malafaia, Valdemiro Santiago, R.R. Soares e Josué Valandro Júnior foram convidados pessoais de Jair Bolsonaro para a cerimônia da posse presidencial no dia 1º de janeiro de 2019. Alguns compareceram, outros foram bem mais hábeis. Malafaia não foi e disse que preferiu não comparecer "devido ao aniversário de sua filha".[166]

Na manhã deste mesmo dia, Valandro Júnior. decolou do Rio de Janeiro rumo a Brasília e, durante o voo, concedeu uma entrevista à rádio 93 FM: "Nós estamos vivendo um sonho que é ver um presidente que tem temor a Deus. É uma emoção um homem que fala de Deus, que pede uma oração na diplomação, uma leitura da Bíblia. Nunca aconteceu isso na história do Brasil", resumiu o pastor.

Somente no Facebook, o número de seguidores brasileiros (somados) destes líderes evangélicos chegava a 8.171.540 em outubro de 2018. No Instagram, eram mais de 2,5 milhões e outros 2,2 milhões de fiéis que os seguiam no Twitter. Em todas estas redes sociais, o conteúdo ministrado por estes pastores durante os meses que precederam as eleições foi absolutamente singular: remover os corruptos e resgatar os valores da família para mudar o Brasil.[167]

Acesso em: 24 ago. 2018.

[165] Ibid.

[166] PORTINARI, Natália. *Convidado, Malafaia não irá à posse de Bolsonaro. O Globo*, 1º jan. 2019. Disponível em: <https://oglobo.globo.com/brasil/convidado-malafaia-nao-ira-posse-de-bolsonaro-23338889>. Acesso em: 3 jan. 2019.

[167] No dia 22 de março de 2019, o Senado Federal utilizou a rede social Instagram para apresentar a "novíssima Lei 13.796/19, que assegura aos alunos o direito de faltar a aulas e a provas por motivos religiosos".

O sentimento de antissistema

"Existe um quadro de negação absoluta da política tradicional que foi incentivado pela (Operação) Lava Jato e pelo escândalo de corrupção que o Brasil viveu a partir de 2014. Este componente tem como característica uma rejeição muito forte a qualquer alternativa que parecesse já conhecida (para a sociedade). Qualquer coisa que parecesse familiar", explica Guilherme Casarões.[168]

"Então, existe um lado de transgressão com o voto no Bolsonaro: vamos retirar todo mundo que está aí, mais do que somente o PT. Eu penso que este sentimento (de antissistema) explica a vitória do (Wilson) Witzel (PSL) no Rio de Janeiro e explica, em certo sentido, o (João) Doria (PSDB) em São Paulo, porque apesar de ser do PSDB, ele é de uma ala do partido que nega a própria origem histórica e se aproxima do Bolsonaro, e explica, sobretudo, o Romeu Zema (NOVO) em Minas Gerais, que teve uma votação impressionante", complementa Casarões.[169]

Um sintoma evidente e irrefutável desta negação da política e do modelo de democracia representativa pode ser encontrado avaliando o número de abstenções, com 31 milhões de eleitores, e dos votos brancos ou nulos, que ultrapassaram a casa dos 11 milhões. A diferença de votos entre Fernando Haddad, o segundo colocado na corrida presidencial, e Bolsonaro, foi de 10,7 milhões.

---

[168] Entrevista concedida ao autor no dia 1º de novembro de 2018. Vale ressaltar que, entre os anos de 2007 e 2010, os dois filmes da sequência *Tropa de Elite*, do cineasta José Padilha, contribuíram significativamente para reforçar no imaginário popular brasileiro a figura de um capitão militar forte que luta heroicamente contra o sistema dos políticos corruptos. Ver também: G1. "*Tropa de elite 2" é a maior bilheteria da história no Brasil.* 22 dez. 2010. Disponível em: <http://g1.globo.com/pop-arte/noticia/2010/12/tropa-de-elite-2-e-maior-bilheteria-da-historia-no-brasil.html>. Acesso em: 18 jan. 2019.

[169] Entrevista concedida ao autor no dia 1º de novembro de 2018.

Em virtude de uma imensa descrença no modelo de democracia representativa, manifestantes ligados aos movimentos Vem Pra Rua e MBL protestam na Avenida Paulista, em abril de 2018, durante ato que pediu pela prisão do ex-presidente Lula.

"Esses são números recordes e que refletem este descontentamento com a política, que, de alguma maneira, também aconteceu em 1989, mas com uma diferença fundamental: em 89, por ser a primeira eleição popular (após o regime militar), havia um grande apelo para a participação pelo voto, mas, por outro lado, havia uma rejeição às alternativas tradicionais da política. Tanto é que os dois nomes que foram para o segundo turno, Collor e Lula, representavam alternativas fora do sistema. O Lula não era nem o socialista e nem o trabalhista tradicional. Ele não era nem o Roberto Freire e nem o (Leonel) Brizola. E o Collor também não era o liberal mais tradicional, como o (Guilherme) Afif e nem um social-democrata, como o (Mario) Covas, e muito menos um direitista-populista, como o (Paulo) Maluf. Eu tenho a impressão de que há um componente do momento histórico quando essas alternativas 'antissistema' aparecem e, em outro momento, talvez esse aspecto não tivesse tanta projeção quanto teve em 1989 e em 2018",[170] sugere Casarões.

Ainda de acordo com o professor Casarões, as alternativas progressistas à direita ou à esquerda "estão esgotadas em várias partes do mundo neste momento e agora temos uma alternativa que é regressista, fundamentalmente, porque busca retomar um mundo que não é do século XXI, é do século XIX. Com Deus, família e nação? Essas são retóricas do século retrasado",[171] acrescenta.

Uma das principais referências desta ideologia regressista e antiglobalista da família Bolsonaro no Brasil é o filósofo, escritor e jornalista Olavo de Carvalho, talvez um dos principais representantes do paradoxalmente autointitulado "conservadorismo liberal" no Brasil. Existem muitos outros no âmbito internacional, mas vamos visitar esta questão no próximo capítulo.

[170] Ibid.

[171] Entrevista concedida ao autor no dia 1º de novembro de 2018.

"O que a família Bolsonaro avança é a leitura dele (Olavo de Carvalho), de criar certo 'antissistema' para lutar contra a hegemonia marxista cultural do mundo no qual vivemos, segundo eles. Alguns discípulos do Olavo de Carvalho, que estão envolvidos com o PSL, estiveram diretamente em contato com o pessoal (do Trump) nos Estados Unidos para estudar as estratégias de campanha",[172] revela Casarões.

Ex-alunos de Olavo de Carvalho, Carlos Nadalim e Filipe Garcia Martins foram anunciados como integrantes da nova administração federal brasileira de forma imediata. Não por acaso, para áreas estratégicas ligadas à educação e às relações internacionais.

No dia 3 de janeiro de 2019, seguindo os métodos do presidente Trump, Bolsonaro utilizou o Twitter para anunciar Nadalim como secretário de alfabetização da sua gestão, com o objetivo de "libertar mentes escravas das ideias de dominação socialista"[173] e "preparar cidadãos para o mercado de trabalho".[174]

Nadalim diz que, atualmente, existe "um desprezo da técnica na educação"[175] e culpa as propostas do pedagogo Paulo Freire por esta postura. De acordo com ele, "Paulo Freire chama isso de tecnicismo e diz que ele desvincula o educando de seu contexto. Ele faz uma defesa ideológica do fim da alfabetização, porque ele quer que a criança tome consciência de classe. Para ele, você precisa ensinar à criança a linguagem porque ela é dominada pela classe dominante que impõe seu discurso. Mas a

---

[172] Ibid.

[173] FAVRETTO, Angélica. Carlos Nadalim, o crítico de Paulo Freire que está conquistando as famílias na internet. *Sempre Família*, 13 dez. 2018. Disponível em: <https://www.semprefamilia.com.br/carlos-nadalim-o-critico-de-paulo-freire-que-esta-conquistando-as-familias-na-internet/>. Acesso em: 15 dez. 2019. Acesso em: 15 dez. 2019.

[174] Ibid.

[175] Ibid.

alfabetização não é isso. Alfabetização é uma técnica para ela decodificar e reconhecer palavras e é isso o que eu quero: que a criança leia para compreender textos",176 disse, em entrevista ao site Sempre Família.

No seu site, Nadalim, que é entusiasta de um tipo de ensino à distância conhecido nos Estados Unidos como *Homeschooling*, faz críticas ao sistema de ensino no Brasil, chama Olavo de Carvalho de "meu professor"[177] e apresenta diversas entrevistas ao vivo com ele.

"Eu vou ser sincero, desde que era pequeno sempre odiei literatura infantil, porque as histórias são bobocas. A borboletinha que se apaixonou pelo hipopótamo, essas coisas são perfeitamente idiotas. Quando eu era pequeno, lia muita revista em quadrinhos, Mickey, Pato Donald, e aprendi a ler sozinho, com cinco anos",[178] disse Olavo de Carvalho em uma destas entrevistas.

Ainda no dia 3 de janeiro de 2019, uma reportagem publicada pelo jornal *Folha de São Paulo* anunciava: "Bolsonaro escolhe 'discípulo' de Olavo de Carvalho como assessor internacional."[179]

De acordo com o texto, "o presidente Jair Bolsonaro escolheu Filipe Garcia Martins como assessor-chefe adjunto da assessoria especial do presidente. Martins é um dos discípulos

---

[176] FAVRETTO, Angélica. Op. cit.

[177] BASÍLIO, Ana Luiza. Quais interesses estão por trás do homeschooling? *Carta Capital*, 13 fev. 2019. Disponível em: <http://www.cartaeducacao.com.br/reportagens/quais-interesses-estao-por-tras-do-homeschooling/>. Acesso em: 14 jan. 2019.

[178] NADALIM, Carlos. Carlos Nadalim entrevista Olavo de Carvalho. *Como educar seus filhos*. Disponível em: <http://comoeducarseusfilhos.com.br/blog/carlos-nadalim-entrevista-olavo-de-carvalho-2/>. Acesso em: 15 maio 2019.

[179] FERNANDES, Talita. Bolsonaro escolhe 'discípulo' de Olavo de Carvalho como assessor internacional. *Folha de são Paulo*, 3 jan. 2019. Disponível em: <https://www1.folha.uol.com.br/mundo/2019/01/bolsonaro-escolhe-discipulo-de-olavo-de-carvalho-como-assessor-internacional.shtml>. Acesso em: 6 jan. 2019.

do escritor Olavo de Carvalho e vinha auxiliando o chanceler Ernesto Araújo no governo de transição. Como assessor pessoal do presidente, deve atuar especialmente na área internacional".[180]

"A escolha de Martins conta com o apoio de dois dos filhos do presidente: o vereador Carlos Bolsonaro (PSC-RJ) e o deputado Eduardo Bolsonaro (PSL-SP). Ele é um entusiasta das ideias propagadas por Olavo de Carvalho e aliado próximo de dois dos ministros escolhidos por Bolsonaro: Ricardo Vélez (Educação) e Ernesto Araújo (Relações Exteriores)",[181] prossegue a matéria da Folha.

"Martins é crítico da imprensa e é editor-adjunto do site Senso Incomum, que integra análises e texto que defendem o liberalismo econômico e uma visão conservadora dos costumes. Ele mantém no site postagens criticando jornalistas, defendendo o alinhamento ideológico e político com os EUA de Donald Trump e com o primeiro-ministro do Estado de Israel, Binyamin Netanyahu",[182] conclui o texto.

Outro nome indicado por Olavo de Carvalho foi anunciado ainda em novembro de 2018: Ricardo Vélez Rodríguez, para a pasta da Educação.

Em entrevista concedida ao jornal *Valor Econômico*, no dia 28 de janeiro de 2019, Vélez Rodríguez garantiu que, na sua gestão, a "ideia de universidade para todos não existe"[183] e que "as universidades devem ficar reservadas para uma elite intelectual, que não é a mesma elite econômica".[184]

---

[180] Ibid.

[181] Ibid.

[182] Ibid.

[183] PASSARELLI, Hugo. "Ideia de universidade para todos não existe", diz ministro da Educação. *Valor Econômico*, 28 jan. 2019. Disponível em: <https://www.valor.com.br/brasil/6088217/ideia-de-universidade-para-todos-nao-existe-diz-ministro-da-educacao>. Acesso em: 29 jan. 2019.

[184] Ibid.

A expressão mais gráfica da descrença no modelo de democracia representativa (31 milhões de abstenções e onze milhões de votos brancos e/ou nulos). Outubro de 2013.

Independentemente de quem seja o ministro, o ponto central da gestão Bolsonaro é a descentralização do sistema educacional brasileiro. De acordo com Vélez Rodríguez, o Ministério da Educação precisa ser desmontado para deixar de ser protagonista e se tornar o coadjuvante das políticas públicas.

"Nesses tempos difíceis em que se desenhava, ameaçadora, a hegemonia vermelha dos petistas e coligados, enxergo, para o MEC, uma tarefa essencial: recolocar o sistema de ensino básico e fundamental a serviço das pessoas e não como opção burocrática sobranceira aos interesses dos cidadãos, para perpetuar uma casta que se enquistou no poder e que pretendia fazer, das Instituições Republicanas, instrumentos para a sua hegemonia política",[185] escreveu Vélez Rodríguez, que ainda durante a primeira semana de abril de 2019 foi demitido do cargo para dar lugar a outro discípulo de Olavo de Carvalho: Abraham Weintraub.

"O socialista é a AIDS e o comunista é a doença oportunista. Quando um comunista ou socialista chegar para você com um papo 'fronhonhoim', você pega e manda ele para aquele lugar. Xinga! Faça o que o professor Olavo fala! Xinga! Xinga!",[186] disse Weintraub durante a Cúpula Conservadora das Américas.[187]

Durante a posse de Weintraub, na segunda semana de abril de 2019, Jair Bolsonaro afirmou categoricamente que pretende afastar os jovens brasileiros da vida política da nação. "Queremos que a garotada comece a não se interessar por política como é atualmente dentro das escolas, mas comece realmente a aprender

---

[185] Disponível em: <https://www.youtube.com/watch?time_continue=6&v=54-mdI-QXdzE>. Acesso em: 26 nov. 2018.

[186] *"O socialista é a AIDS e o comunista é a doença oportunista" diz novo ministro da educação*. 8 abril 2019. Disponível em: <https://www.youtube.com/watch?v=sH-0VLpol2To>. Acesso em: 26 nov. 2018.

[187] A primeira edição da Cúpula Conservadora das Américas reuniu a extrema-direita brasileira em Foz do Iguaçu, durante a segunda semana de dezembro de 2018.

coisa que possa levá-la ao espaço no futuro [*sic*]", explicou o presidente do Brasil.

O antipetismo, o elitismo histórico, o dogma religioso e esta fixação por um "antissistema" para combater uma "ameaça globalista" se encaixaram de forma tão adequada porque servem os mesmos objetivos e possuem três aspectos comuns: o conservadorismo e a ignorância, pois todas estas linhas de raciocínios trazem estes elementos fundamentais. São conceitos organizados ao redor de informações intencionalmente falsas ou equivocadas e do desejo de fazer a manutenção do mundo como ele foi ou é, em vez de como ele poderia ser.

O terceiro aspecto elementar presente em todas estas concepções é a forma como elas foram estimuladas na população brasileira, principalmente durante os 45 dias que precederam as eleições de 2018, e diz respeito ao surgimento de novas plataformas e estratégias de comunicação.

Novas ferramentas e estratégias de comunicação

"Kit gay" para as crianças nas escolas, conluio com a Venezuela para implementar o "comunismo" no Brasil, Bolsonaro dispensando os votos dos nordestinos, fraude nas urnas a favor do PT, Haddad de Ferrari amarela, entre outras muitas montagens (áudios, vídeos, *memes*[188] e fotos) que foram usadas para retratar os candidatos de basicamente todos os partidos em situações inverídicas.

Apesar disso, segundo texto publicado pelo jornal *Valor Econômico*, no dia 2 de novembro de 2018, "diversas pesquisas

[188] *Memes* são montagens veiculadas via Internet e que trazem uma combinação de fotos, textos e desenhos para avançar determinada mensagem, geralmente, com viés humorístico.

conduzidas antes do segundo turno (das eleições presidenciais de 2018) [...] concluíram que a maioria das notícias falsas foi direcionada contra o Haddad e o PT".[189]

"Estudo da organização Avaaz apontou que 98,21% dos eleitores do presidente eleito, Jair Bolsonaro (PSL), foram expostos a uma ou mais notícias falsas durante a eleição, e 89,77% acreditaram que os fatos eram verdadeiros. A pesquisa, realizada pela IDEA *Big Data* de 26 a 29 de outubro com 1.491 pessoas no país, analisou Facebook e Twitter",[190] explica a matéria.

Ainda de acordo com o texto do *Valor Econômico*, "o estudo também revelou que 85,2% dos eleitores (do Bolsonaro) entrevistados leram a notícia que Fernando Haddad implementou o 'kit gay' (nas escolas) e 83,7% acreditaram na história. Dos eleitores de Haddad entrevistados, 61% viram a informação e 10,5% acreditaram nela".[191]

Como estas narrativas, muitas vezes surrealistas, foram levadas a sério pela população brasileira em 2018?

Além de oferecer um tipo de educação que pouco estimula a formação de uma visão crítica para enxergar o mundo, pouco mais da metade dos municípios brasileiros também não contam com meios jornalísticos locais. Esta conclusão foi apresentada em novembro de 2018 por um estudo organizado pelo Atlas da Notícia,[192] projeto que contou com uma campanha de *crowd-*

---

[189] PASQUINI, Patrícia. Estudo diz que 90% dos eleitores de Bolsonaro acreditaram em fake news. *Valor Econômico*, 2 nov. 2018. Disponível em: <https://www.valor.com.br/politica/5965577/estudo-diz-que-90-dos-eleitores-de-bolsonaro-acreditaram-em-fake-news?utm_source=Facebook&utm_medium=-Social&utm_campaign=Compartilhar&fbclid=IwAR1V0Xu3mugbUZF_BcnAzYZXNDr4JaY5aTDZ_SaYB_ZpwfIfM0xTXIpli2Q>. Acesso em: 2 nov. 2018.

[190] Ibid.

[191] Ibid.

[192] ATLAS DA NOTÍCIA. *Mapeando os desertos de notícia*. Jan. 2019. Disponível em: <https://www.atlas.jor.br/estatisticas/>. Acesso em: 30 abril 2019.

sourcing (levantamento de dados colaborativo), foi organizado pelo Instituto para o Desenvolvimento do Jornalismo (Projor) e teve a pesquisa, análise e publicação dos dados desenvolvida pela agência Volt Data Lab.

O estudo concluiu que não há veículos de comunicação em 51% dos 5.570 municípios brasileiros, onde vivem trinta milhões de pessoas. São considerados "quase desertos"[193] e correm o risco de se tornar "desertos de notícias",[194] segundo os termos utilizados pela publicação.

Contudo, no atual contexto social e político das sociedades civis modernas, comunicação é um sinônimo direto de poder, principalmente para quem almeja pleitear um cargo público, e não existe vácuo de poder. O espaço entendido como "deserto" sempre é ocupado, de alguma maneira, por outras fontes de informação. E apesar de o jornalismo profissional ser extremamente tendencioso e partidário em todas as direções, ele ainda representa o meio mais confiável de produzir e verificar informações.

Segundo o documento *Economia da Informação 2017: Digitalização, Comércio e Desenvolvimento,*[195] o Brasil tinha 120 milhões de usuários de Internet em 2015, ficando atrás apenas dos EUA, com 242 milhões, da Índia, com 333 milhões, e da China, com 705 milhões. Em 2018, mais de 147 milhões de brasileiros estavam aptos a votar, mas o número de votos brancos e nulos e das abstenções bateu um recorde e superou a marca dos 42 milhões. Ou seja, o pleito eleitoral para a presidência do Brasil, em outubro de 2018, foi decidido por pouco mais de 105 milhões de votos.

---

193 Ibid.

194 Ibid.

195 UNCTAD (UNITED NATIONS CONFERENCE ON TRADE AND DEVELOPMENT. *Information Economy Report 2017*: digitalization, trade and development. United Nations, 2017. Disponível em: <https://unctad.org/en/PublicationsLibrary/ier2017_en.pdf>. Acesso em: 5 nov. 2018.

Novas ferramentas e estratégias de comunicação, tais como o WhatsApp e a divulgação de notícias falsas, foram elementos decisivos na eleição presidencial de outubro de 2018.

De acordo com dados do Instituto Brasileiro de Geografia e Estatística divulgados em fevereiro de 2018, o Brasil tinha mais de 126 milhões de usuários de Internet. O estudo também confirma algumas tendências mundiais, como a onipresença do celular, que foi citado por 94,6% dos entrevistados como o dispositivo preferido para acesso à rede. Entre 2016 e 2017, o percentual dos domicílios brasileiros que possuíam acesso à Internet cresceu de 69,3% para 74,9%.[196]

Ainda segundo a publicação, o Sudeste do Brasil continua com o maior índice de habitantes conectados (72,3%), seguido pelo Centro-Oeste (71,8%) e Sul (67,9%), regiões onde Jair Bolsonaro derrotou Fernando Haddad no segundo turno das eleições presidenciais de 2018 com margens superiores a 65%, enquanto o Nordeste e o Norte trazem os menores totais, com, respectivamente, 52,3% e 54,3% de cidadãos online.[197]

No Nordeste, Haddad venceu com 69,7% dos votos válidos e, no Norte, Bolsonaro foi o vencedor com uma disputa bem mais apertada: 51,9%. Ainda de acordo com o IBGE, os idosos estão mais conectados à Internet e "quase 70% dos brasileiros com mais de 10 anos têm acesso à rede".[198]

Outro estudo, apresentado no dia 10 de dezembro de 2018, pelo Pew Research Center, demonstra que "as mídias sociais ultrapassaram os jornais impressos como fonte de notícias para os norte-americanos: um em cada cinco adultos (nos EUA) disse que costuma receber notícias via mídias sociais, número que é

[196] TELETIME NEWS. *Internet chega a 75% dos domicílios e 126 milhões de usuários no Brasil.* Mobile Time, 20 dez. 2018. Disponível em: <https://www.mobiletime.com.br/noticias/20/12/2018/internet-chega-a-75-dos-domicilios-e-126-milhoes-de-usuarios-no-brasil/>. Acesso em: 23 dez. 2018.

[197] Ibid.

[198] G1. Em um ano, Brasil ganhou 10 milhões de usuários de internet, diz IBGE. *Jornal Nacional,* 20 dez. 2018. Disponível em: <https://g1.globo.com/jornal-nacional/noticia/2018/12/20/em-um-ano-brasil-ganhou-10-milhoes-de-usuarios-de-internet-diz-ibge.ghtml>. Acesso em: 21 dez. 2018.

um pouco mais alto dos que alegaram se informar por meio dos jornais impressos (16%), pela primeira vez na história. Em 2017, a porção da população que recebeu notícias por meio das mídias sociais foi aproximadamente igual à parcela que recebeu notícias de jornais impressos",[199] explica a publicação do estudo.

A televisão ainda é o meio preferido dos estadunidenses, mas o estudo[200] demonstra que as redes sociais também deverão substituí-la como fonte primária de informação para os estadunidenses em alguns anos. Ou seja, a ascensão da Internet e das redes sociais como fontes principais de informação pública parece ser um processo irreversível.

Com a ausência do jornalismo profissional e a expansão acelerada dos *smartphones* e da Internet, surgem não somente novas ferramentas, mas estratégias distintas de comunicação, considerando a forma como narrativas verídicas ou falsas são apresentadas à população e servem aos interesses de grupos nacionais e internacionais.

No dia 2 de dezembro de 2018, uma reportagem do jornal *Folha de São Paulo* abordou o funcionamento desta nova dinâmica em ação nas eleições brasileiras de 2018.

Em virtude de uma ação movida na Justiça do Trabalho por Hans River do Rio Nascimento contra a Yacows, empresa que se apresenta como especialista em marketing no WhatsApp e para a qual o ex-funcionário trabalhou durante as eleições de outubro de 2018, todo o esquema de divulgação de notícias falsas utilizando o software foi desnudado.[201]

[199] SHEARER, Elisa. Social media outpaces print newspapers in the U.S. as a news source. *Pew Research Center*, 10 dez. 2018. Disponível em: <http://www.pewresearch.org/fact-tank/2018/12/10/social-media-outpaces-print-newspapers-in-the-u-s-as-a-news-source/>. Acesso em: 12 dez. 2018.

[200] Ibid.

[201] RODRIGUES, Artur e CAMPOS MELLO, Patrícia. Fraude com CPF viabilizou disparo de mensagens de WhatsApp na eleição. *Folha de São Paulo*, 2 dez. 2018. Disponível em: <https://www1.folha.uol.com. br/poder/2018/12/

Segundo o texto, "empresas de envio de mensagens em massa pelo WhatsApp que atuaram nestas eleições recorreram ao uso fraudulento de nomes e CPFs de idosos para registrar chips de celular. As primeiras conversas com o ex-funcionário da Yacows, que pertence aos irmãos Lindolfo Alves Neto e Flávia Alves, aconteceram no dia 19 de novembro de 2018, e foram 'sempre gravadas',"[202] de acordo com os jornalistas da *Folha de São Paulo*.

Ainda de acordo com a publicação do jornal, a ação movida por Nascimento é "de causa trabalhista por uma contratação que durou de 9 de agosto a 29 de setembro (de 2018), com salário de R$ 1.500, alegando não ter recebido horas extras, por diversas vezes não ter feito pausa para almoço, além de não ter sido registrado".[203]

Ele afirmou que as empresas usaram nomes de CPFs e datas de nascimento de pessoas na faixa dos 65 a 86 anos, nascidas entre 1932 a 1953, e que ignoravam o uso de seus dados para cadastrar chips de celulares. Uma lista de dez mil nomes dessas pessoas foi enviada à reportagem do jornal, que teria sido distribuída pela Yacows com a finalidade de aumentar o número de telefones para disparos de mensagens. Por lei, cada chip em uso deve ser cadastrado a um CPF existente. E a necessidade de um grande número de CPFs se dava porque o WhatsApp barra números que enviam grande volume de mensagens, evitando o *spam*.

---

fraude-com-cpf-viabilizou-disparo-de-mensagens-de-whatsapp-na-eleicao.shtml>. Ver também: CAMPOS MELLO, Patrícia. Empresas contrataram disparos pró-Bolsonaro no WhatsApp, diz espanhol. Disponível em: <https://www1.folha.uol.com.br/poder/2019/06/empresas-contrataram-disparos-pro-bolsonaro-no-whatsapp-diz-espanhol.shtml>. Acesso em: 2 dez. 2018.

[202] RODRIGUES, Artur e CAMPOS MELLO, Patrícia.

[203] RODRIGUES, Artur e CAMPOS MELLO, Patrícia. Fraude com CPF viabilizou disparo de mensagens de WhatsApp na eleição. *Folha de São Paulo*, 2 dez. 2018. Disponível em: <https://www1.folha.uol.com.br/poder/2018/12/fraude-com-cpf-viabilizou-disparo-de-mensagens-de-whatsapp-na-eleicao.shtml>.

Campos dos Goytacazes, Rio de Janeiro, novembro de 2017. A Caravana Lula Sudeste, que passou pelo Espírito Santo e Rio de Janeiro, é hostilizada por apoiadores de Jair Bolsonaro.

Em outubro, dias antes do segundo turno da eleição, a *Folha de São Paulo* divulgou uma matéria mostrando que empresários pagavam para impulsionar mensagens antiPT na disputa eleitoral. A publicação levou o WhatsApp a bloquear contas ligadas às agências Quickmobile, Croc Services, SMS Market e Yacows, citadas na reportagem.

Além da lista com os dez mil nomes e dados de idosos utilizados para o cadastro de CPF, os jornalistas da *Folha de São Paulo* afirmam que Nascimento compartilhou fotos de caixas com chips e salas cheias de computadores ligados a diversos celulares e "chipeiras", equipamento que usa chips de celulares para imitar o WhatsApp e fazer disparos. "Uma vez ativados com os dados usurpados, os chips eram usados em plataformas de disparos em massa no WhatsApp", destaca a matéria, acrescentando a informação do ex-funcionário de que "cerca de 99% do trabalho que faziam eram para campanhas políticas e 1% para a marca de cosméticos Jequiti".

Segundo Nascimento, ele e vários de seus colegas chegaram a trabalhar dezesseis horas seguidas para dar conta dos disparos encomendados pelas campanhas. "Muita gente dormia lá, na escada, sofá, hall. Descansava um pouco, ia lá e fazia mais um turno", disse.

A matéria ressalta que, no dia 25 de novembro de 2018, Nascimento voltou atrás e pediu para o jornal retirar os seus depoimentos das publicações. A solicitação foi feita após ele fazer um acordo com a antiga empregadora. "Pensei melhor, estou pedindo para você retirar tudo o que falei até agora, não contem mais comigo", disse em mensagem de texto para o jornal.

Ao menos outros quinze candidatos a deputado estadual, federal e senador declararam ao TSE ter usado os serviços de empresas similares à Yacows, como a Deep Marketing e a Kiplix.

A Deep Marketing também prestou serviços para Henrique Meirelles (MDB), que disputou a Presidência e declarou pagamento de R$ 2 milhões à empresa por "criação e inclusão de páginas da Internet".

A Yacows afirmou à Folha que não há evidências de atos ilícitos no processo trabalhista aberto por Nascimento e que não compactua com práticas ilegais. "A Yacows reafirma que não foi contratada em nenhum momento pela equipe da campanha do candidato Bolsonaro para distribuir conteúdo eleitoral", disse a empresa em nota oficial. Contudo, a Yacows prestou serviços a vários políticos e foi subcontratada pela AM4, produtora que trabalhou para a campanha de Bolsonaro.

Depois de exercer a função de responsável pela contratação dos disparos pelo WhatsApp na campanha de Bolsonaro, a funcionária da agência de comunicação AM4, Taíse de Almeida Feijó, foi nomeada para um cargo comissionado na Secretaria-Geral da Presidência, com um salário mensal de R$ 10,3 mil, ainda no dia 17 de janeiro de 2019.[204]

"O Bolsonaro não existiria, como candidatura viável, se não fosse uma estrutura de comunicação completamente nova e disruptiva",[205] reflete Guilherme Casarões. "Desde pelo menos 2015, eles vêm construindo uma estrutura de comunicação nas redes sociais que é absolutamente eficiente. O Bolsonaro tem uma página no Facebook com uma audiência muito grande, com um enorme engajamento. Ele foi o primeiro político (brasileiro) a se comunicar, sistematicamente, por meio de lives (transmissões ao vivo)",[206] exemplifica o doutor em Relações Internacionais.

---

[204] PRAZERES, Leandro. Funcionária que disparou WhatsApp para Bolsonaro ganha cargo no Planalto. *UOL Política*, 18 jan. 2019. Disponível em: <https://noticias.uol.com.br/politica/ultimas-noticias/2019/01/18/funcionaria-whatsapp-campanha-bolsonaro-cargo-planalto.htm>. Acesso em: 19 jan. 2019.

[205] Entrevista concedida ao autor no dia 1º de novembro de 2018.

[206] Ibid.

Em maio de 2019, a página oficial de Jair Bolsonaro no Facebook contava com 9.439.972 curtidas. No Twitter, eram mais de 4,1 milhões de seguidores, e no Instagram, outros 11,5 milhões. Fernando Haddad, segundo colocado na corrida presidencial de 2018, tinha 1,5 milhão de seguidores no Instagram, 1,4 milhão no Twitter e 1.842.405 curtidas no Facebook nesta mesma data.

"Eu tenho a impressão de que outros movimentos de guerrilha virtual, como o Movimento Brasil Livre (MBL), ajudaram a potencializar o Bolsonaro quando necessário. E eu cito o MBL meramente para ilustrar como o Bolsonaro foi projetado por estruturas auxiliares, paralelas. Agora, onde ele fez um estrago gigantesco foi no WhatsApp. Eles sacaram, antes de qualquer outra candidatura, que a chave da comunicação política nesta campanha seria (a formação de) grupos de WhatsApp, com os quais você consegue evitar o algoritmo do Facebook para romper ou agravar as bolhas sociais tradicionais",[207] diz Casarões.

"Com o WhatsApp não tem isso, porque é uma plataforma sem filtros. E eu ressaltaria também alguns agravantes nesta discussão:

> (1) o WhatsApp não faz a verificação da veracidade do material que está sendo veiculado.
> (2) Nesta plataforma, a comunicação acontece, primordialmente, por meio de *memes*, áudios e vídeos, o que faz todo o sentido considerando uma nação de analfabetos funcionais, infelizmente",[208] complementa Casarões.

Ou seja, o processo de verificação do material que está sendo disseminado é muito complicado, porque se trata de um conteúdo muito simplista e raso, que, mesmo quando desmentido

[207] Entrevista concedida ao autor no dia 1º de novembro de 2018.

[208] Ibid.

posteriormente, ainda consegue exercer o impacto psicológico desejado. Estas características tornam o WhatsApp uma ferramenta muito destrutiva quando o objetivo é deliberadamente espalhar notícias falsas.

"A campanha do Bolsonaro conseguiu aglomerar, durante os últimos anos, quase cinquenta milhões de números de WhatsApp. Com todas as reportagens que a Folha (de São Paulo) publicou, empresários bancando etc., você percebe a capilaridade que eles alcançaram com este mecanismo. Isso fez uma diferença muito grande, porque, pela primeira vez na história, o WhatsApp neutralizou o tempo de TV, basicamente",[209] ressalta Casarões.

"As discussões (nas redes sociais) acabam sendo protagonizadas por quem fala mais alto, no sentido de expor opiniões mais radicais que fazem as pessoas reagirem",[210] explicou Alexandre Inagaki, jornalista, consultor de Internet e coordenador de conteúdo da campanha presidencial do PSDB/Geraldo Alckmin nas redes sociais.

"Eu fui convidado e trabalhei (durante a campanha) na coordenação de conteúdo de Internet do (Geraldo) Alckmin. Trabalhei coordenando a produção de vídeo, os *posts* nas redes sociais do Alckmin, o monitoramento de reações ao candidato, o acompanhamento do engajamento dos *posts* etc. Então eu acompanhei bem de perto como foi toda esta última campanha política (presidencial)",[211] diz Inagaki.

"O grande problema da nossa campanha deu-se porque o Alckmin é um candidato muito analógico. Por ter sido eleito governador de São Paulo por quatro vezes, ele acreditava piamente na força da televisão para reverter o jogo. Então, das verbas destinadas à campanha, 70% eram para produção de conteúdo de

[209] Ibid.

[210] Entrevista concedida ao autor no dia 11 de janeiro de 2019.

[211] Entrevista concedida ao autor no dia 11 de janeiro de 2019.

televisão e nós, a Internet, ficamos com menos de 10%",[212] revela Inagaki.

"Para você ter uma boa ideia, enquanto na campanha do Aécio Neves (em 2014) para presidente, eles tinham mais de trezentos profissionais só para cuidar de Internet, desta vez (2018) eles tinham menos de um terço deste pessoal. Por exemplo, eu coordenei toda a produção de conteúdo do PSDB nacional, PSDB e Alckmin, com apenas quinze pessoas. Quinze pessoas para produzir todos os conteúdos de YouTube, Twitter e Facebook. Depois começou a demanda doida de conteúdos para o WhatsApp",[213] garante Inagaki. "Porque muito rapidamente todo mundo se ligou que o Twitter, o Facebook etc. possuem o alcance muito reduzido e os conteúdos digitais estavam viralizando, realmente, via WhatsApp. Então começamos a produzir pensando mais nesta plataforma",[214] acrescenta o especialista em Internet.

"A maneira como os simpatizantes e apoiadores do Bolsonaro agem nas redes sociais é impressionante. Toda vez que o Alckmin tinha um post novo, ele era imediatamente infestado de comentários negativos dos seguidores do Bolsonaro. Muito deste volume é organizado por robôs, mas muito também é proveniente de grupos de WhatsApp, porque há de se lembrar que toda esta construção do Bolsonaro vem sendo feita há anos. Vídeos de YouTube publicados em 2014 já falavam de Bolsonaro, Joice Hasselmann, de Alexandre Frota, de Janaína (Paschoal). Os nossos candidatos começaram a trabalhar as redes sociais seis meses antes das eleições (de outubro de 2018)",[215] reflete Inagaki.

---

[212] Ibid.

[213] Ibid.

[214] Ibid.

[215] Entrevista concedida ao autor no dia 11 de janeiro de 2019.

Ainda assim, os *bots* também fazem parte do jogo. Em uma apuração realizada pela revista *Veja* em agosto de 2018, identificou-se a utilização de robôs no Twitter para "fingir aos eleitores que alguns políticos tinham mais influência do que aparentavam ter",[216] explica a matéria que apresentou o estudo.

"Em momentos como o do debate eleitoral realizado pela Band, foi constatado que temas relacionados ao agora presidente Jair Bolsonaro se tornaram *trending topics* (mais vistos) do Twitter em países do Leste Europeu, na Alemanha, na Dinamarca, na Austrália e até na China. Antes disso, durante uma aparição do até então candidato no *Roda Viva* e na *Globonews*, ocorreu o mesmo",[217] diz o texto do estudo promovido pela revista.

"Os *bots* publicavam frases prontas e repetidas. Alguns até interagiam, automaticamente, com pessoas que estivessem comentando a presença do candidato na televisão. Os perfis também tinham nomes padronizados, com números, seguiam uma quantidade exata de perfis e tuitavam somente sobre o assunto. Muitos eram deletados logo depois dos eventos relacionados às eleições, como no debate na Band, mas outros permaneceram ativos e agora estão, digamos, desempregados. Ao verificar como estavam alguns desses robôs que atuaram a favor de Bolsonaro, a reportagem encontrou contas completamente diferentes. Os perfis que antes tentavam imitar uma pessoa comum agora tinham o nome de 'conta vazia', seguido de números e uma foto com um globo azul. Todos também seguiam os mesmos 39 perfis e eram seguidos por 37 contas, sendo que os tuítes e curtidas passados também foram apagados",[218] esclarece o texto.

---

[216] LOPES, André. Sem trabalho, *bots* utilizados no Twitter nas eleições são desativados. *Veja*, 9 jun. 2019. Disponível em: <https://veja.abril.com.br/tecnologia/sem-trabalho-bots-utilizados-no-twitter-nas-eleicoes-sao-desativados/>. Acesso em: 9 jun. 2019.

[217] Ibid.

[218] Ibid.

"A situação sugere que a atuação automatizada de contas no Twitter tinha um período exato de validade, com início e fim, e ao término da campanha e das eleições foi desativada. Ao que tudo indica, agora os *bots* esperam pelas próximas ordens para voltar ao trabalho",[219] conclui o estudo da revista *Veja*.

Ainda de acordo com Inagaki, apesar de a utilização de robôs exercer alguma influência no resultado final, o ponto principal do jogo ainda diz respeito à forma como a interação é realizada com o público. "Tem que ser um relacionamento no longo prazo e toda a construção de grupos de WhatsApp, de canais de YouTube e de redes de simpatizantes que foi feita pela campanha do Bolsonaro já estava sendo trabalhada pelo menos desde 2014, de forma muito similar ao que foi feito durante a campanha do Trump, nos Estados Unidos, com mensagens de 'Bolsonaro mito' etc., um monte de conteúdo em vários canais",[220] salienta.

"Está acontecendo um movimento de transformação, realmente, das redes sociais, até porque as pessoas ficam muito viciadas. Eu estou lendo este livro chamado *Dez Argumentos para Você Deletar Agora Suas Redes Sociais*, que foi escrito pelo Jaron Lanier, um cara que trabalhou por muito tempo no Vale do Silício e no LinkedIn",[221] sugere Inagaki.

Lanier apresenta uma tese sobre como as redes sociais estão fomentando a insanidade nas sociedades atuais. "Existe, principalmente, este aspecto do ego muito forte, desta necessidade de mostrar para o mundo que você tem alguma relevância. Neste contexto, um candidato que utiliza as redes sociais de uma maneira muito incisiva, o que faz com que as pessoas reajam, manipula muito bem o tipo de comportamento que as pessoas vêm apresentando nas redes sociais ultimamente",[222] prossegue Inagaki.

[219] Ibid.

[220] Entrevista concedida ao autor no dia 11 de janeiro de 2019.

[221] Ibid.

[222] Ibid.

"Quando avaliamos o modo eficaz como a Cambridge Analytica[223] usou as redes sociais para bombar a candidatura do Trump (2016), se você conhece um pouco sobre o mecanismo (dos algoritmos) que favorece os conteúdos que são mais compartilhados, que são mais comentados, porque as pessoas se sentem impelidas a reagir a este tipo de postagem, como já foi mencionado, e une esta filosofia com uma análise sólida de *big data*, o resultado é assustador",[224] explica Inagaki.

O *big data* garante o acesso às informações compartilhadas por milhões de brasileiros. Fotos, vídeos, *memes* e textos que, com algum esforço interpretativo, expressam de forma muito clara o estado psíquico e as inclinações políticas de determinada população durante um dado período.

"Você tem acesso a todas estas informações e, por meio desta análise de *big data*, é capaz de perceber os padrões de comportamento da população para mapear segmentos inteiros de acordo com o tipo de discurso que você quer avançar. É quase como ter acesso ao gabarito da prova, no sentido de ser capaz de escutar diretamente o que os eleitores querem. A tecnologia moderna vem sendo utilizada para manipular as massas, assim como os meios e métodos que a precederam",[225] conclui Inagaki.

Aliada aos discursos dos conservadorismos tradicional e religioso, esta capacidade de analisar os desejos dos eleitores para elaborar estratégias de campanhas políticas sob medida

---

[223] KIRCHGAESSNER, Stephanie. Cambridge Analytica used data from Facebook and Politico to help Trump. *The Guardian*, 26 out. 2017. Disponível em: <https://www.theguardian.com/technology/2017/oct/26/cambridge-analytica-used-data-from-facebook-and-politico-to-help-trump>. Acesso em: 15 mar. 2019.

[224] Entrevista concedida ao autor no dia 11 de janeiro de 2019.

[225] Entrevista concedida ao autor no dia 11 de janeiro de 2019.

vem se provando uma abordagem extremamente eficaz nos últimos anos. Contudo, os apoiadores de Bolsonaro não inventaram estes mecanismos e esta também não foi a primeira vez que eles foram usados para influenciar questões referentes à opinião pública ao redor do mundo.

8

A EXTREMA-DIREITA NO MUNDO E OS IDEÓLOGOS DO CAOS

"O medo é uma coisa boa. O medo leva as pessoas a tomarem medidas."
- Steve Bannon

O que Donald Trump, Roger Stone, Paul Manafort, John Bolton, Steve Bannon e Robert Mercer, por exemplo, possuem em comum com o Brasil? Todas estas figuras, exceto o presidente Trump, são totalmente desconhecidas no País e influenciaram, direta ou indiretamente, o rumo das eleições presidenciais brasileiras de 2018 de forma substancial.

Eleito em 2016, Trump ofereceu a referência ideal de um homem de negócios branco, bem-sucedido, misógino, racista, agressivo e que, ainda assim, foi capaz de se tornar "o líder da maior nação do mundo". Para o brasileiro médio,[226] que usa os Estados Unidos como modelo para quase tudo o que é bom ou bonito sem refletir muito acerca desta escolha, este foi um aspecto fundamental para tornar Bolsonaro muito mais palatável. Foi elementar para fortalecer o estereótipo do sujeito tradicional (conservador), meritocrata, provedor e que deve ser forte para "vencer a qualquer custo".

Com uma tatuagem do rosto de Richard Nixon, ex-presidente estadunidense, estampada nas costas, Roger Stone, um dos principais consultores políticos da campanha de Trump em 2016, foi talvez a figura central responsável por estimular estes tipos de raciocínios na população mais conservadora dos Estados Unidos e, consequentemente, do Brasil e de outras partes do mundo em seguida.

Em seu livro, intitulado *Stone's Rules: How to Win at Politics, Business and Style* (Regras do Stone: como vencer em política, negócios e estilo), Stone elaborou uma série de regras para sintetizar todo o pragmatismo da sua filosofia de vida e de trabalho, entre as quais o autor ressalta que "é melhor ser infame do que totalmente desconhecido", vale absolutamente tudo para vencer e que um bom político nunca deve admitir

[226] BRUM, Eliane. O brasileiro médio assume o poder. *El País*, 4 jan. 2019. Disponível em: <https://brasil.elpais.com/brasil/2019/01/02/opinion/1546450311_448043.html>. Acesso em: 5 jan. 2019.

nenhum erro, mas sim negar tudo e lançar-se imediatamente ao contra-ataque. "Você tem que ser ultrajante para ser notado e vencer", diz Stone, que se autointitula "um jogador sujo" e "o inventor" das campanhas falsas e difamatórias nas disputas políticas. Soa familiar?

"Quando eu era criança, eles fizeram uma eleição simulada na minha escola. Eu era a favor de John F. Kennedy porque meus pais eram católicos e eu achava que, apesar de serem republicanos, eles simpatizavam com o Kennedy. Mas também porque o cabelo do Kennedy era muito melhor do que o do Nixon. Eu fui para o refeitório (da escola) e, enquanto as crianças entravam na fila com as suas bandejas, eu lhes dizia: o 'Nixon propôs termos aulas aos sábados'. A simulação, para a surpresa do jornal local, foi vencida pelo Kennedy de lavada. Pela primeira vez na vida, eu compreendi o valor da desinformação", eufemiza Stone em seu livro.

Por causa desta postura e atuando em Washington há mais de quarenta anos, o nome de Roger Stone se transformou em uma espécie de sinônimo para corrupção na capital estadunidense e esteve, por inúmeras vezes, envolvido com os mais variados tipos de escândalos. Ainda assim, ele conseguiu eleger o seu candidato ao cargo máximo do país em 2016.

"Eu sugeri, ainda na década de 1980, que o (Donald) Trump deveria concorrer à presidência (dos EUA). Eu era um jóquei e precisava de um cavalo. Você não pode vencer a corrida sem um cavalo", vangloria-se Stone, que foi um dos principais conselheiros políticos de Trump, não somente durante as eleições de 2016, mas ao longo das últimas décadas.

"Os que me criticam afirmando que eu não tenho alma ou princípios são perdedores. Perdedores amargos",[227] resu-

[227] NETFLIX. *Get Me Roger Stone Official Trailer [HD] Netflix*. 29 mar. 2017. Disponível em: <https://www.youtube.com/watch?v=5IPyv4KgTAA>. Acesso em: 27 out. 2018.

me Stone, durante uma cena do documentário produzido pela Netflix.

Manafort entrou para a equipe da campanha presidencial de Donald Trump em março de 2016 e foi o presidente da candidatura de junho a agosto. Matéria publicada pelo veículo *USA Today*, no dia 8 de janeiro de 2019, afirma que "o ex-presidente de campanha do presidente Donald Trump, Paul Manafort, é acusado de mentir aos promotores (estadunidenses) sobre o compartilhamento de dados da pesquisa (eleitoral de 2016) com um oficial russo e sobre o encontro com o russo em Madri, segundo documentos judiciais divulgados por seus advogados".[228]

"O advogado especial Robert Mueller, que está investigando a interferência da Rússia na eleição de 2016, anulou o acordo de Manafort no dia 26 de novembro (de 2017), argumentando que ele mentiu repetidamente para os investigadores",[229] prossegue o texto.

Manafort foi condenado por um júri federal na Virgínia por acusações bancárias e tributárias decorrentes da representação de uma facção pró-Rússia na Ucrânia. "Ele se declarou culpado de conspiração e obstrução da justiça em Washington, que é onde o acordo estava em questão na audiência de segunda-feira",[230] afirma o veículo estadunidense. Paul Manafort foi preso e sentenciado a sete anos e seis meses de reclusão por conspiração e fraude.[231]

---

[228] BART, Jansen. Paul Manafort, President Trump's former campaign chief, accused of lying about sharing polling data with Russian. *USA Today*, 8 jan. 2019. Disponível em: <https://www.usatoday.com/story/news/politics/2019/01/08/paul-manafort-robert-mueller-plea-deal-russia-investigation/2485091002/>. Acesso em: 10 jan. 2019.

[229] Ibid.

[230] Ibid.

[231] BREUNINGER, Kevin. Ex-Trump campaign boss Paul Manafort's light sentence in Mueller case could soon become much longer. *CNBC*, 8 mar. 2019. Disponível em: <https://www.cnbc.com/2019/03/08/

No dia 25 de janeiro de 2019, Roger Stone também foi detido pelo FBI em sua residência, na Flórida, Estados Unidos, acusado de mentir aos investigadores estadunidenses sobre os esforços dos principais assessores de campanha de Trump para descobrir e-mails que o governo russo roubou da campanha da democrata Hillary Clinton, em 2016. O caso inclui obstrução de justiça e adulteração de testemunhas.[232]

Jogos de Estados: Conquiste "as mentes e os corações" a qualquer custo

Roger Stone e Paul Manafort são exemplos clássicos dos ideólogos do caos, burocratas com décadas de experiência na máquina política norte-americana que utilizam uma filosofia absolutamente utilitarista (e ultrajante) para causar impacto junto às massas e viabilizar a atuação de nações (e grupos muito poderosos), neste caso a Rússia e oligarcas locais, no sentido de influenciar os rumos políticos de outros países, nesta ocasião a eleição presidencial dos Estados Unidos, em 2016.

Apesar disso, nos dias atuais, basicamente todas as principais potências do mundo utilizam recursos similares para exercer influência sobre a percepção pública e as eleições de outras sociedades. São os jogos dos estados modernos.

---

paul-manafort-sentence-could-become-a-longer-one-for-trump-campaign--chief.html>. Acesso em: 9 mar. 2019.

[232] JACKSON, David; JOHNSON, Kevin; HEATH, Brad. Roger Stone charges shed new light on Trump campaign's link to WikiLeaks. *USA Today*, 25 jan. 2019. Disponível em: <https://www.usatoday.com/story/news/politics/2019/01/25/grand-jury-indicts-donald-trump-aide-roger-stone/2675742002/>. Acesso em: 25 jan. 2019.

Por exemplo, no livro *As entrevistas de Putin*, do cineasta Oliver Stone, o presidente russo afirma que "os nossos parceiros europeus e norte-americanos conseguiram tirar proveito do descontentamento do povo ucraniano. Em vez de tentarem descobrir o que de fato acontecia, eles decidiram apoiar o golpe de estado",[233] diz Putin, que por sua vez é acusado pelos Estados Unidos de interferir diretamente nas eleições presidenciais norte-americanas de 2016, favorecendo o então candidato republicano Donald Trump. A eleição presidencial estadunidense de 2016 foi muito apertada e ter amigos no Kremlin pode ter significado a diferença entre a derrota e a vitória para Trump.

"Sabemos acerca das ONGs que atuavam na Ucrânia. Sabemos que Victoria Nuland, subsecretária de Estado para a Europa Oriental, acho, era muito ativa no apoio à mudança do governo. Sabemos que o senador John McCain foi visto em manifestações com líderes extremistas, incluindo alguns neonazistas. Sabemos que a National Endowment for Democracy, que também é uma ONG muito influente, era muito ativa ali. Paul Jershman, que era o presidente dessa fundação, fez discursos muito enfáticos, defendendo uma Ucrânia independente. E sabemos que o bilionário George Soros, financiador de hedges, também estava muito envolvido no apoio a grupos ucranianos",[234] escreve o cineasta Oliver Stone, referindo-se à atuação do seu próprio governo (EUA) e do bilionário Soros no sentido de desestabilizar o governo ucraniano entre os anos de 2013 e 2014.

---

[233] Assim como no Brasil, entre 2013 e 2014 também houve inúmeros protestos na Ucrânia.

[234] STONE, Oliver. *As Entrevistas de Putin*. São Paulo: Best Seller, 2017.

Este caso, que ficou conhecido no Ocidente como a Revolução Ucraniana de 2014,[235] foi escolhido porque representa bem o xadrez, todos os tipos de agentes clássicos destes jogos de estados modernos e como cada qual se movimenta no tabuleiro para avançar as suas posições, explorando os ímpetos preexistentes em determinada população.

"Em meu filme *Snowden*, Snowden me contou a seguinte história: em 2007 e 2008, ele servia no Japão e a NSA (Agência de Segurança Nacional dos EUA) pediu para os japoneses espionarem sua população. Os japoneses disseram 'não', mas nós os espionamos assim mesmo. Mas não paramos nisso. Como conhecíamos o sistema de comunicação japonesa, instalamos *malwares* na infraestrutura civil, para a eventualidade de o Japão deixar de ser nosso aliado. Snowden também descreveu situações semelhantes no Brasil, no México e em muitos países europeus. É bastante surpreendente que façamos isso com os nossos aliados",[236] lamenta Oliver Stone em seu livro.

Jogos de estados das sociedades civis modernas: conquiste a opinião pública seja como for, por meio do ódio e do medo caso esta abordagem funcione, para vencer. Mas, para fazer isso, é preciso estar presente, escutar, observar, entender e manipular o que as pessoas sentem de forma mais ou menos coletiva em certa sociedade.

Ainda no dia 29 de novembro de 2018, cerca de um mês antes de ser empossado, o então presidente-eleito Jair Bolsonaro recebeu em sua casa, no Rio de Janeiro, o 27º assessor de Segurança Nacional dos Estados Unidos. John Bolton, conhecido por avançar sugestões ultraconservadoras, tais como o fim das

---

[235] ZUESSE, Eric. How and Why the US Government Perpetrated the 2014 Coup in Ukraine. *Strategic Culture Foundation*, 3 jun. 2018. Disponível em: <https://www.strategic-culture.org/news/2018/06/03/how-why-us-government-perpetrated-2014-coup-ukraine.html>. Acesso em: 27 jan. 2019.

[236] STONE, Oliver. *As Entrevistas de Putin*. São Paulo: Best Seller, 2017.

Nações Unidas e o não-cumprimento das regras internacionais, por exemplo, ficou na casa do presidente brasileiro por menos de uma hora em reunião que foi realizada a portas fechadas.[237]

Em março de 2002, Bolton, que então ocupava o cargo de Subsecretário de Estado para Controle de Armas e Segurança Internacional no governo Bush, conseguiu derrubar o diplomata brasileiro José Maurício Bustani, que era o diretor-geral da Organização para a Proibição de Armas Químicas (Opaq), em Haia, na Holanda.

Bolton foi um dos principais defensores da tese de que o ditador iraquiano Saddam Hussein possuía armas de destruição em massa para justificar a invasão do país pelos EUA, o que aconteceu em 2003. "Quando anunciei que teríamos dois novos membros, Iraque e Líbia, os americanos ficaram alucinados. Eles sabiam que faríamos inspeções no Iraque e isso demonstraria que Saddam não tinha armas químicas. Como já tinham planos de invadir o país, disseram-me que eu não tinha o direito de aceitar os dois países sem antes consultar os Estados Unidos",[238] disse Bustani à *Folha de São Paulo* em entrevista publicada no dia 30 de março de 2018.

"É uma pessoa que tem esta visão belicista e que avançou a todo custo à invasão estadunidense no Iraque, por exemplo. Então, é importante que o povo brasileiro saiba quem é John Bolton, que veio ao Brasil, foi recebido pelo presidente (Bolsonaro) e nós não sabemos qual foi a conversa, mas só

---

[237] VEJA. Em encontro no Rio, Bolsonaro presta continência para conselheiro de Trump. *Veja*, 29 nov. 2018. Disponível em: <https://veja.abril.com.br/mundo/em-encontro-no-rio-bolsonaro-presta-continencia-para-bolton/>. Acesso em: 30 nov. 2018.

[238] CAMPOS MELLO, Patrícia. Por Guerra no Iraque, novo assessor de Trump derrubou diplomata brasileiro. *Folha de São Paulo*, 30 mar. 2018. Disponível em: <https://www1.folha.uol.com.br/mundo/2018/03/por-guerra-no-iraque-novo-assessor-de-trump-derrubou-diplomata-brasileiro.shtml>. Acesso em: 30 nov. 2018.

podemos esperar que os seus conselhos não sejam ouvidos",[239] resume Celso Amorim, ex-ministro das Relações Exteriores do Brasil em entrevista ao blog *Nocaute*.

Brexit

Outro exemplo de como tais conselhos que visam a estimular o medo e o ódio presentes em determinada população foram explorados por grupos externos pode ser verificado com o estudo de caso do Brexit, a saída da Inglaterra da União Europeia (UE).

No dia 26 de junho de 2016, os britânicos foram às urnas e votaram pela retirada da Inglaterra do bloco da União Europeia. O voto pela saída venceu com margem de 1,2 milhão de votos, abalou o mercado e gerou a renúncia do então primeiro-ministro britânico, David Cameron, que defendia a permanência da Inglaterra no bloco europeu.

"Uma sombria operação global envolvendo *big data*, amigos bilionários de Trump e as forças díspares da campanha *Leave* (pela saída da Inglaterra da UE) influenciaram o resultado do referendo da UE. Agora, a Grã-Bretanha se dirige às urnas novamente, mas o nosso processo eleitoral ainda está apto para servir o seu propósito?",[240] questionou a jornalista Carole Cadwalladr em seu texto publicado pelo jornal inglês *The Guardian*, no dia 7 de maio de 2017.

De acordo com Cadwalladr, um ex-funcionário da empresa Cambridge Analytica lhe contou os detalhes de como estas

[239] NOCAUTE: Blog do Fernando Moraes. *Quem é John Bolton, o homem para quem Bolsonaro prestou continência*. 29 nov. 2018. Disponível em: <https://www.youtube.com/watch?v=qIWRTaaBVkc>. Acesso em: 30 nov. 2018.

[240] CADWALLADR, Carole. The great British Brexit robbery: how our democracy was hijacked. *The Guardian*, 7 maio 2017. Disponível em: <https://www.theguardian.com/technology/2017/may/07/the-great-british-brexit-robbery-hijacked-democracy>. Acesso em: 27 nov. 2018.

operações funcionam. "Em janeiro de 2013, um jovem pós-graduado americano estava passando por Londres quando foi chamado pelo chefe de uma empresa onde ele havia estagiado anteriormente. A empresa, SCL Elections, foi comprada por Robert Mercer, um bilionário oculto de hedge funds, renomeada como Cambridge Analytica e ficou famosa como a empresa de análise de dados que influenciou as campanhas de Trump e do Brexit. Mas tudo isso ainda estava por vir. Londres, em 2013, ainda estava se aquecendo no crepúsculo das Olimpíadas. A Grã-Bretanha ainda não tinha 'Brexited'. O mundo ainda não havia se transformado",[241] introduz o texto da jornalista.

"Isso foi antes de nos tornarmos essa empresa escura e distópica de dados que deu ao mundo o Trump",[242] conta este ex-funcionário da Cambridge Analytica que Cadwalladr apresenta como Paul para lhe proteger a vida. "Isso quando ainda éramos apenas uma empresa de guerra psicológica",[243] complementa Paul.

"Foi realmente isso o que você disse: guerra psicológica?",[244] indaga a jornalista.

"Totalmente. É isso o que é. Psyops: Operações psicológicas. Os mesmos métodos que os militares usam para efetuar a mudança do sentimento em massa. É o que eles querem dizer com 'corações e mentes'. Nós estávamos apenas fazendo isso para ganhar as eleições nos tipos de países em desenvolvimento que não têm muitas regras",[245] responde Paul.

O resultado do Brexit derrubou o mercado financeiro e causou descrença em todo o planeta. No começo da madrugada seguinte à votação, manhã na Ásia, a libra esterlina atingiu o

[241] Ibid.

[242] Ibid.

[243] Ibid.

[244] Ibid.

[245] Ibid.

menor valor em relação ao dólar em mais de três décadas. Na Ásia, as Bolsas despencaram em Seul (-4,09%), Tóquio (-7,22%) e Hong Kong (-4,67%). Além disso, o prejuízo desta retirada, no longo prazo, deverá ser maior para Londres, certamente, do que para o resto da Europa, já que os britânicos dirigem metade de suas exportações à UE. Mesmo com todo este caos criado, o *The Movement* e o seu idealizador, Steve Bannon, que também foi o estrategista-chefe da campanha de Trump em 2016, estavam apenas começando.

Em entrevista publicada pelo jornal *Folha de São Paulo*, no dia 29 de outubro de 2018, Bannon, que manteve um contato próximo com Eduardo Bolsonaro durante todo o período eleitoral, diz que Jair Bolsonaro é um "líder populista nacionalista brilhante" e vai trazer o *The Movement* ao Brasil.

"Estou muito focado em transformar o *The Movement* em algo global e o Bolsonaro é parte disso. Passei muito tempo estudando o Brasil e acompanho de perto a política", afirma Bannon, que possui esta aliança internacional de bilionários, plutocratas, tecnólogos e líderes políticos da "ultra-direita liberal", com Donald Trump (EUA), Robert Mercer (EUA), Matteo Salvini (Itália), Giorgia Meloni (Itália), Luigi Di Maio (Itália), Geert Wilders (Holanda), Marine Le Pen (França), Mischaël Modrikamen (Bélgica), Sebastian Kurz (Áustria), Viktor Orban (Hungria), Nigel Farage (Reino Unido), Recep Erdogan (Turquia) e Rodrigo Duterte (Filipinas), por exemplo. Algumas das mentes mais conservadoras do planeta.

"A crise (financeira) de 2008 é um ponto importante, considerando os ingredientes que ajudaram a expandir a extrema-direita em algumas partes do planeta neste momento",[246] sugere Fernando Haddad, segundo colocado na corrida presidencial de 2018.

"Embora o Brasil não tenha sentido tanto esta crise, o mundo sentiu muito e a direita já estava fazendo a festa. A

[246] Entrevista concedida ao autor no dia 27 de dezembro de 2018.

extrema-direita está articulada internacionalmente. O Steve Bannon está circulando pelos locais de extrema-direita, com um foco muito forte na Europa agora que ainda tem setores de resistência democrática, mas isso tudo representa um pano de fundo muito perigoso",[247] acrescenta o petista.

Considerando as ideias de ódio e intolerância contidas nas declarações de Bolsonaro, Bannon revela, sem problemas, que elas fazem parte da estratégia política e também foram aplicadas por Trump e por outros candidatos em diferentes países. "Isso é apenas linguagem provocativa. Bolsonaro usa declarações provocativas para conseguir ser ouvido em meio ao barulho, do mesmo jeito que Trump. Em junho de 2016, Trump estava em sétimo lugar nas pesquisas de opinião. Depois do discurso provocativo que fez, as pessoas o ouviram e ele disparou. O mesmo acontece com Bolsonaro. Ambos são especialistas em se conectar com as massas",[248] explicou o ex-estrategista-chefe da Casa Branca à *Folha de São Paulo*.

"Se não fosse pelo Facebook, Twitter e outras mídias sociais, teria sido cem vezes mais difícil para esse populismo ascender, porque não conseguiríamos ultrapassar a barreira do aparato da mídia. Trump conseguiu fazer isso, Salvini e Bolsonaro também",[249] conclui Bannon à reportagem do jornal.

No ano em que Trump foi eleito, segundo dados da Coalizão Nacional de Programas Antiviolência dos EUA, as mortes de pessoas da comunidade LGBT, por exemplo, atingiram o recorde histórico até o presente momento nos Estados Unidos.

---

[247] Ibid.

[248] CAMPOS MELLO, Patrícia. Capitalismo esclarecido e populismo de Bolsonaro aproximarão o Brasil dos EUA, diz Steve Bannon. *Folha de São Paulo*, . Disponível em: <https://www1.folha.uol.com.br/poder/2018/10/capitalismo--esclarecido-e-populismo-de-bolsonaro-aproximarao-o-brasil-dos-eua-diz-steve-bannon.shtml>. Acesso em: 5 nov. 2018.

[249] Ibid.

Incluindo as vítimas da boate Pulse, o número subiu 217% com relação ao ano anterior.[250]

Seja qual for a sua natureza, o simbolismo de qualquer presidência sempre se transforma em ações concretas que estão invariavelmente relacionadas ao caráter das mensagens que foram transmitidas à população por meio destes símbolos.

Joy Agoston, mulher trans, analista de comunicação que trabalha em uma empresa multinacional francesa em São Paulo, explica como este conceito funciona no âmbito prático da vida social de quem é LGBT.[251]

"Temos um presidente que, ao longo de sua vida pública, sempre pregou que as 'minorias', e em especial a classe LGBT, estavam fora do contexto social 'padrão'. Ainda que fosse apenas para chamar a atenção, Jair Bolsonaro conseguiu acender a faísca do preconceito que estava enraizado e internalizado nas pessoas. Hoje, essas pessoas se sentem no direito de atacar, ofender e falar o que bem querem à comunidade LGBT. O que mais choca é o apoio e o embasamento que elas encontram nas palavras do próprio presidente. É como se existisse um aval tácito por parte dele, de que tudo aquilo é correto de se fazer",[252] ressalta a comunicóloga.

"Agressões verbais a gente acaba por escutar no nosso dia a dia, por exemplo: Corre para trocar o seu nome enquanto dá tempo, porque daqui a pouco vai ter que usar o seu nome de macho",[253] conta Agoston.

---

[250] G1. Mortes de pessoas da comunidade LGBT nos EUA atingiram recorde em 2016. *Reuters*, 12 jun. 2017. Disponível em: <https://g1.globo.com/mundo/noticia/mortes-de-pessoas-da-comunidade-lgbt-nos-eua-atingiram-recorde--em-2016.ghtml>. Acesso em: 7 nov. 2018.

[251] Entrevista concedida ao autor no dia 16 de janeiro de 2018.

[252] Ibid.

[253] Ibid.

Avenida Paulista, em junho de 2018, durante a 22ª edição da Parada LGBTQ. As intituladas "minorias" resistem.

"Alguns amigos meus já passaram por lugares onde foram humilhados e motivo de chacota. Os que voltaram para tirar satisfação ainda foram fisicamente agredidos. Em dezembro (de 2018), um conhecido estava passeando pelo (bairro dos) Jardins (em São Paulo) com seu namorado, quando foi motivo de chacota de alguns rapazes que aparentemente estavam fazendo uma atividade física na rua. Então, ele perguntou qual era o problema. Foi agredido com um soco no rosto e, ainda por cima, teve que escutar: 'Aproveita por enquanto, porque em janeiro as coisas vão piorar para você se te encontrarmos por aqui.' Ou seja, claramente esses rapazes se sentiram no direito de agredi-lo, ainda por cima contaram vantagem pelo fato de Jair Bolsonaro se tornar presidente do Brasil a partir de janeiro (de 2019) e finalizaram com uma ameaça de que aquilo se tornaria normal",[254] conclui Agoston.

Não por acaso, ainda no dia 24 de janeiro de 2019, em entrevista exclusiva concedida à *Folha de São Paulo*, o deputado federal do PSOL pelo Rio de Janeiro, Jean Wyllys, único parlamentar gay assumido e representante da comunidade LGBT no Congresso Nacional até então, desistiu de assumir as atribuições para as quais foi eleito pelo terceiro mandato consecutivo e deixou o Brasil.

"Preservar a vida ameaçada é também uma estratégia da luta por dias melhores. Fizemos muito pelo bem comum. E faremos muito mais quando chegar o novo tempo, não importa que façamos por outros meios",[255] disse Wyllys por meio da sua conta de Instagram para anunciar a sua decisão.

---

[254] Entrevista concedida ao autor no dia 16 de janeiro de 2018.

[255] BARROS, Carlos Juliano. Com medo de ameaças, Jean Wyllys, do PSOL, desiste de mandato e deixa o Brasil. *Folha de São Paulo,* 24 jan. 2019. Disponível em: <https://www1.folha.uol.com.br/poder/2019/01/com-medo-de-ameacas-jean-wyllys-do-psol-desiste-de-mandato-e-deixa-o-brasil.shtml>. Acesso em: 24 jan. 2019.

"Por outro lado, também existem esforços de aproximação (no âmbito internacional) das forças (políticas) que sentem esta onda ultraconservadora",[256] lembra Haddad, referindo-se ao convite do senador estadunidense, Bernie Sanders, para o lançamento da Frente Progressista Internacional.

[256] Entrevista concedida ao autor no dia 27 de dezembro de 2018.

9

FRENTE PROGRESSISTA INTERNACIONAL?

"Hoje, para estar forte no mundo,
você precisa estar forte no seu país.
É ilusório acreditar que este processo
pode acontecer de fora para dentro."
- Fernando Haddad

Um dos aspectos mais interessantes de estudar as Relações Internacionais no âmbito acadêmico é que, para avançar na disciplina, é necessário fazer uma reflexão sobre a "natureza predominante do ser humano" como ser político em determinada época e em certo local.

Existem correntes de pensamentos e filosofias que foram sintetizados e interagem para descrever diferentes maneiras de enxergar "o funcionamento do mundo". Algumas das principais, durante o curso da história, são o realismo (político), o liberalismo (político e econômico) e o construtivismo (político), este último bem mais recente (começo do século XX), apesar de possuir origens kantianas e hegelianas do século XVIII.

De forma hiper-resumida, os realistas são as pessoas geralmente mais pragmáticas, que acreditam que as relações (entre estados ou pessoas) se produzem, quase que estritamente, com base no equilíbrio do balanço de poder que existe entre as partes e visando sempre aos melhores ganhos possíveis como frutos das interações. Os liberais acreditam que as principais forças desta equação são a igualdade e a liberdade entre as pessoas (liberalismo político) e o poder econômico, a negociação entre as partes (liberalismo econômico). Os construtivistas dizem que todos os aspectos contam, mas o que realmente importa são os valores das ideias preponderantes que norteiam determinada abordagem.

Por exemplo: um realista tradicional escreveria um artigo sobre os perigos de uma guerra nuclear entre duas potências usando como base quantas ogivas nucleares cada parte possui e o que cada uma delas tem a perder com o conflito, basicamente. O liberal diria que a interação entre os mercados e as economias de ambas as nações pode evitar a guerra. O construtivista diria que todos estes fatores importam para o desfecho, inclusive o tom que foi utilizado pelo realista para redigir o artigo sobre o tema.

A dificuldade de formar um grupo realmente progressista, internacional e coeso reside no fato de que a sociedade internacional, em linhas gerais e neste começo do século XXI, ainda é muito orientada pelos parâmetros realistas, herança de um legado humano histórico que vem evoluindo ao longo dos séculos. E o progressismo é uma ramificação do construtivismo político. Assim como o nacionalismo é fruto das premissas originalmente contidas no realismo.

A dimensão do que é legítimo, nos âmbitos dos estados, ainda é muito determinada por sentimentos nacionalistas considerando a pátria, o território, a soberania nacional, o idioma nacional, as cores e a moeda nacional e tantos outros aspectos locais que formam as bases das culturas dos povos atuais em 2019. Talvez isso mude durante os próximos séculos e surja um novo paradigma de governança mundial com a formação de um único estado global das nações. Talvez não.

Em seu livro *The World State* (O Estado Mundial), Alexander Wendt, um dos principais acadêmicos construtivistas das Relações Internacionais no mundo, sugere o seguinte exercício mental:

"Imagine se todos os sete bilhões de seres humanos tivessem a oportunidade, com votos iguais, de redesenhar a estrutura política do mundo completamente do zero. Vamos supor ainda que esta discussão global fosse reduzida a apenas duas opções:

> "a) o *status quo* e a soberania dos estados/anarquia internacional (modelo atual);
> "b) uma soberania unificada/estado mundial.

"Finalmente, vamos também assumir uma versão do 'véu da ignorância' de John Rawls, em que votaríamos sem saber de qual estado seríamos cidadãos se votarmos na primeira opção (porque é muito mais fácil gostar do *status quo* se você for um cidadão dos Estados Unidos do que do Chade). Sob essas condições, a minha afirmação é que a maioria das pessoas escolheria um estado mundial, especialmente se elas acreditam no liberalismo e/ou na democracia",[257] explica Wendt.

"Normalmente, pensamos que o liberalismo e a democracia se aplicam apenas dentro dos estados, não entre eles. Mas ambas são ideologias universalistas e, portanto, não há realmente nenhuma razão para que elas se apliquem a algumas pessoas e a outras, não. Para avaliar isso, pergunte a si mesmo que justificativa *liberal* existe para traçar uma linha entre algumas pessoas que chamaremos de 'nós' e outras que chamaremos de 'elas', e então, se decidirmos que elas nos ameaçam, podemos matá-las? Há muitas justificativas *não*-liberais para esse tipo de ação e morte (raça, religião, linguagem e assim por diante), mas em bases puramente liberais é difícil defender (essa ideia). Em um mundo verdadeiramente liberal (liberalismo político), todas as pessoas teriam os mesmos direitos *antes* da cidadania, incluindo, presumivelmente, o direito de não serem mortos arbitrariamente. Similarmente, que justificativa *democrática* existe para excluir pessoas da política em 'nosso' país se nossas decisões as afetarem? Democracia significa tornar o poder responsável àqueles que ele afeta. Atualmente, os cidadãos canadenses e mexicanos são extremamente afetados pelas decisões tomadas nos EUA. Então, por que eles não podem opinar sobre como esse poder é usado?",[258] questiona Wendt em seu livro.

Este é um típico texto construtivista, que seria considerado absolutamente romântico e inútil por um realista tradicional. Em 2019, estas questões construtivistas das Relações Internacionais ainda estão amadurecendo na sociedade internacional.

"Hoje, para estar forte no mundo, você precisa estar forte no seu país. É ilusório acreditar que este processo pode acontecer de fora para dentro neste momento. É preciso organizar-se

[257] WENDT, Alexander. *The World State*. Disponível em: <https://www.alexanderwendt.org/world-state-project/>.

[258] Ibid.

internamente, organizar as suas forças internamente de forma bem articulada, porque a extrema-direita está fazendo isso em várias partes do mundo",[259] diz Haddad.

Bernie Sanders e Yanis Varoufakis, ex-ministro de Finanças da Grécia, estão encabeçando uma iniciativa de formar e fortalecer a Frente Progressista Internacional. "Um novo eixo autoritário requer uma nova frente progressista internacional",[260] escreveu Sanders em artigo publicado no jornal *The Guardian*, em setembro de 2018.

"Trata-se de uma ideia muito boa, porém, bastante incipiente ainda. Eu estive presente como observador ao lançamento da iniciativa (no fim de 2018)",[261] ressalta Haddad.

Na verdade, há anos existe uma Aliança Progressista (Progressive Alliance), que foi fundada em dezembro de 2012 por um movimento do ex-chanceler alemão, Sigmar Gabriel, conta com a participação de dezenas de países de todos os continentes do planeta, incluindo o Brasil, e tem como mote: liberdade, justiça e solidariedade.

Iniciativas com esses ideais serão mais frequentes a partir da segunda metade do século XXI, quando as crises humanitárias possivelmente cobrarão um preço mais alto (por meio das plataformas digitais) do que as audiências ocidentais e asiáticas, principalmente, poderão tolerar.

Os esforços de Sanders e Varoufakis para formar esta coalizão ainda em 2019 podem ter sido amplificados pela recuperação do terreno político do partido democrata nas eleições estadunidenses de 2018.

---

[259] Entrevista concedida ao autor no dia 27 de dezembro de 2018.

[260] SANDERS, Bernie. A new authoritarian axis demands an international progressive front. *The Guardian*, 13 set. 2018. Disponível em: <https://www.theguardian.com/commentisfree/ng-interactive/2018/sep/13/bernie-sanders-international-progressive-front>. Acesso em: 28 out. 2018.

[261] Entrevista concedida ao autor no dia 27 de dezembro de 2018.

Fernando Haddad em discurso na Avenida Paulista logo após a confirmação da vitória nas eleições para a Prefeitura de São Paulo, em outubro de 2012. Haddad foi ministro da Educação do governo Lula e do governo Dilma e, após a prisão de Lula, foi o candidato do PT às eleições presidenciais de 2018.

Em entrevista concedida por escrito à revista *Exame* em novembro de 2018, Melissa Michelson, cientista política estadunidense da Universidade de Yale e professora de Ciências Políticas em Menlo College, na Califórnia, afirmou que "as eleições presidenciais de 2016 e os primeiros dois anos da presidência de Trump foram lições cívicas para o público americano. Muitos não participaram daquela eleição e então viram como o resultado impactou em suas vidas, seu país e o mundo. Acho que isso mostrou aos americanos porque as eleições importam",[262] enfatizou Michelson em seu texto.

"As eleições legislativas são sempre um referendo sobre o presidente em exercício, e o presidente Trump é muito impopular. Cidadãos quiseram ir às urnas para mostrar o seu descontentamento de uma forma que impactasse o restante do seu mandato na Casa Branca. Os Estados Unidos estão divididos. Vimos vitórias entre democratas progressistas como Alexandria Ocasio-Cortez, no Bronx (Nova York), e Jack Rosen, em Nevada. Ao mesmo tempo, Ted Cruz foi reeleito no Texas e Steve King conseguiu garantir seu assento por Iowa. Temos no país áreas profundamente azuis (democratas), outras profundamente vermelhas (republicanos) e nada no meio. No geral, o Partido Democrata foi muito bem, mas a 'onda azul' não foi exatamente um tsunami",[263] pontuou Michelson à revista brasileira.

Sanders, que em janeiro de 2019 tinha 8,9 milhões de seguidores no Twitter, outros cinco milhões de curtidas em sua página no Facebook e mais 2,9 milhões de seguidores no Instagram, já falava em revolução política assumindo o tom claro de quem deseja conquistar a indicação do Partido Democrata durante as

---

[262] RUIC, Gabriela. O que as eleições legislativas de 2018 revelam sobre os EUA pós-Trump. *Exame*, 9 nov. 2018. Disponível em:<https://exame.abril.com.br/mundo/o-que-as-eleicoes-legislativas-de-2018-revelam-sobre-os-eua-pos-trump/>. Acesso em: 11 nov. 2018.

[263] Ibid.

eleições primárias estadunidenses em 2020 (posto que ele perdeu para Hilary Clinton em 2016).

Apesar de ter participado como "observador", conforme ele descreveu, Haddad reconhece a importância de estruturar redes desta natureza. "Não é possível mais defender a democracia (somente) dentro das fronteiras de um país. Nós precisamos de uma rede internacional de defesa da democracia, dos direitos sociais, dos direitos políticos, dos direitos civis, do meio ambiente, tudo isso tem que estar em uma agenda progressista internacional",[264] garante Haddad.

"Há uma preocupação muito grande com o que pode acontecer nas eleições europeias de 2019. Se eles usarem os mesmos métodos que utilizaram no Brexit, na eleição do Trump e na eleição do Bolsonaro, podemos ter problemas em países que são as últimas fronteiras democráticas que ainda resistem. E ninguém quer um mundo obscurantista",[265] acrescenta o petista.

"Existem movimentações de ambos os lados no cenário internacional, porém o mais importante é que eu acredito que o PT saiu forte destas eleições. O fato de que eu recebi, em apenas quarenta dias (de campanha), mais de 45% dos votos (no segundo turno) não é uma coisa qualquer. No primeiro turno, por exemplo, concorrendo contra outros dez candidatos, nós tivemos 30% dos votos. Isso tem um significado muito forte, não é? Agora, precisamos estabelecer pontos de diálogo cada vez mais eficientes com toda a população brasileira",[266] finaliza Haddad.

---

[264] Entrevista concedida ao autor no dia 27 de dezembro de 2018.

[265] Ibid.

[266] Ibid.

10

2019: O NOVO ARRANJO SOCIOPOLÍTICO BRASILEIRO

"Em política, os aliados de hoje são os inimigos de amanhã."
Nicolau Maquiavel

Apesar da intensidade que a rejeição ao Partido dos Trabalhadores (PT) ganhou no Brasil entre os anos de 2015 e 2018, os três outros tradicionais atores históricos do cenário político brasileiro, incontestavelmente, também perderam prestígio junto ao eleitorado nacional: a Rede Globo, o Partido da Social Democracia Brasileira (PSDB) e o Movimento Democrático Brasileiro (MDB).

Mesmo antes de ser eleito, Bolsonaro já oferecia entrevistas exclusivas para redes como Bandeirantes, SBT e Record, o que, em outro contexto, seria absolutamente impensável no Brasil. Existem diversos aspectos que caracterizam a eleição de Bolsonaro como uma derrota dura para a Globo, mas esse único ponto já traz uma boa dor de cabeça para a família Marinho, que, desde a redemocratização do País, sempre foi acostumada a ser tratada como a principal força política do Brasil e evita de todas as formas ser percebida como tal, naturalmente. Além disso, assim que tomou posse, ainda nas primeiras semanas de janeiro de 2019, Bolsonaro já articulava, por meio do deputado federal Alexandre Frota (PSL), medidas legislativas para atacar o monopólio publicitário da Globo.

Candidato ao cargo de Presidente do Brasil pelo MDB, Henrique Meirelles, que gastou cerca de R$ 54 milhões do próprio bolso com a campanha, obteve 1.288.948 votos totalizados (1,20% dos votos válidos). O MDB também amargou derrotas sérias no Congresso Nacional.

Geraldo Alckmin, ex-governador do Estado de São Paulo e candidato do PSDB à Presidência da República em 2018, obteve 5.096.349 votos: 4,76% do total válido. O pior resultado da história do partido na disputa pela presidência, que encolheu no Congresso Nacional e está agora nas mãos de João Doria Jr., governador eleito do Estado de São Paulo em 2018. Já o PSL tornou-se a segunda maior bancada parlamentar e elegeu o chefe do Executivo. Ascensão meteórica.

São Paulo, 28 de fevereiro de 2016. Correligionários do PSDB brigam durante confusão no diretório regional do partido no bairro do Tatuapé, na Zona Leste de São Paulo. Houve invasão e pancadaria entre apoiadores e críticos do então candidato à Prefeitura, João Doria.

Henrique Meirelles foi ministro da Economia do governo Temer e candidato nas eleições de 2018 pelo MDB. Apesar de estar com a máquina governamental a seu dispor e gastar cerca de R$ 54 milhões do próprio bolso na campanha presidencial, obteve apenas 1,20% dos votos válidos.

Desta forma, independentemente do seu posicionamento político-partidário, existe um novo arranjo sociopolítico determinado a partir de 2019, com outros fatores políticos, filosofias distintas, diferentes alianças e narrativas sendo estruturadas para outro contexto organizacional.

Bolsonaro x Globo

No dia 8 de janeiro de 2019, Igor Gielow, do jornal *Folha de São Paulo*, redigiu um texto sob a manchete: "Bolsonaro tem projeto para atacar domínio da Globo na publicidade. Além de prometer cortar verba oficial, presidente quer proibir mecanismo legal que críticos afirmam dar maior parte do mercado para a emissora",[267] garante o texto do jornalista.

Ainda de acordo com a reportagem, "o governo Jair Bolsonaro (PSL) tem projeto de lei pronto visando proibir um instrumento de negociação comercial que, segundo críticos, garante o domínio da Rede Globo no mercado publicitário de TV aberta no Brasil. O texto foi escrito sob inspiração de integrantes de agências de publicidade e executivos de concorrentes da Globo [...]".[268]

"O projeto foi entregue a mim e a uma equipe de profissionais com autorização do Jair (Bolsonaro). Vou apresentar ao presidente e me reunirei com SBT, RedeTV!, TV Record e, talvez, a Band",[269] disse Frota à *Folha de São Paulo* nesta ocasião, claramente utilizando um mecanismo público de coerção com a

---

[267] GIELOW, Igor. Bolsonaro tem projeto para atacar domínio da Globo na publicidade. *Folha de São Paulo*, 8 jan. 2019. Disponível em: <https://www1.folha.uol.com.br/poder/2019/01/bolsonaro-tem-projeto-para-atacar-dominio-da-globo-na-publicidade.shtml>. Acesso em: 8 jan. 2019.

[268] Ibid.

[269] Ibid.

família Saad, dona da Bandeirantes, emissora que também estimulou o antipetismo de forma muito enfática entre 2017 e 2018, principalmente.

"No dia 7 de janeiro de 2019, enquanto reiterava críticas à distribuição de verbas oficiais do governo a veículos de mídia, Bolsonaro sinalizou a sua intenção: 'Vamos buscar junto ao Parlamento brasileiro a questão do BV. Isso tem de deixar de existir. Eu aprendi há pouco o que é isso e fiquei surpreso e até mesmo assustado', disse ao discursar em cerimônia de posse dos novos presidentes dos bancos públicos",[270] continua o texto.

O BV em questão, alvo do novo projeto, é a sigla de *Bonificação por Volume*. "O mecanismo foi introduzido pela Globo nos anos 1960 para, segundo a emissora, estimular o mercado publicitário e é chamado de 'câncer' por um de seus maiores adversários, o vice-presidente e sócio da RedeTV!, Marcelo de Carvalho. O funcionamento do BV é simples. Um anunciante contrata uma agência de publicidade para promover um produto. Os veículos de comunicação pagam uma comissão para as agências, o BV, para que elas os escolham como destinatários da verba. Para os críticos, isso cria um círculo vicioso em que o meio mais rico do Brasil, a TV aberta, mantém seu domínio sobre o bolo publicitário, alimentando as agências com BVs",[271] avalia o texto da *Folha de São Paulo*.

Os números desse setor são "sigilosos"[272] de acordo com o texto, mas o jornal "ouviu um especialista no tema, que estima um faturamento publicitário na casa dos R$ 12 bilhões em 2018 para a Globo",[273] resume a matéria.

---

[270] GIELOW, Igor. Bolsonaro tem projeto para atacar domínio da Globo na publicidade. *Folha de São Paulo*, 8 jan. 2019. Disponível em: <https://www1.folha.uol.com.br/poder/2019/01/bolsonaro-tem-projeto-para-atacar-dominio-da-globo-na-publicidade.shtml>.

[271] Ibid.

[272] Ibid.

[273] Ibid.

"Evidentemente, a (Rede) Globo apresentou uma postura mais condescendente com o governo (Bolsonaro), mas digamos que ela não foi acompanhada de uma contrapartida por parte do Bolsonaro. De alguma forma, ficou muito claro para a Globo que não adiantava muito querer ter uma relação mais amistosa com este governo. Quando ele (Bolsonaro) escolhe a Record, ainda durante a campanha, fica nítido que a emissora que vai contar com a boa vontade do governo não é a Globo, mas sim a sua principal adversária",[274] avalia o professor Cláudio Gonçalves Couto.

Atores sociais históricos e a onda conservadora

Ainda de acordo com ele, muitos atores sociais históricos do jogo democrático brasileiro escolheram "surfar a onda de conservadorismo que está rolando não somente no Brasil, mas em várias partes do mundo. A guinada à direita que a (rádio) Jovem Pan deu, por exemplo, é algo impressionante. Eles sempre foram uma rádio de posições conservadoras, mas a coisa evoluiu ao ponto em que o (jornalista) Reinaldo Azevedo começa a se tornar moderado demais. A Jovem Pan dos anos 1970 e 1980 era quase esquerdista quando comparada com a atual",[275] comenta Couto.

"A *Veja* chegou a ocupar esse papel, mas acabou, com a falência do Grupo Abril, perdendo o fôlego e mudando de posição [...]",[276] acrescenta o professor.

"Já a Record matou dois coelhos com uma única cajadada: por um lado, em virtude da velha rivalidade com a Globo, ela se alia ao governo Bolsonaro, que há muito tempo elegeu a Globo

[274] Entrevista concedida ao autor no dia 22 de janeiro de 2019.

[275] Ibid.

[276] Ibid.

como inimiga, e por outro se torna a emissora oficial do governo para trabalhar a sua audiência evangélica. O SBT (Sistema Brasileiro de Televisão) fica no adesismo, no governismo chapa-branca que o Silvio Santos sempre teve e talvez somente não tenha aplicado às gestões petistas",[277] ressalta Couto.

Agentes sociais que atuavam de forma quase hegemônica, como a Globo, ou que possuíam muita força, como a Bandeirantes, encontram na nova administração federal os mesmos desafios que os partidos mais tradicionais da política brasileira, PSDB, PT e MDB; também enfrentam no Congresso Nacional, com a ascensão do PSL à Presidência da República e na Câmara dos Deputados, e o crescimento de partidos como o PSD (Partido Social Democrático), de Gilberto Kassab, no Senado Federal.

Como esses principais agentes (midiáticos e políticos) serão capazes de acomodar as suas respectivas expectativas durante o primeiro ano do mandato de Bolsonaro é um aspecto crucial para os rumos do novo governo. Além disso, a habilidade do presidente para se articular e alavancar os seus projetos junto ao Congresso Nacional também é outro ponto decisivo para o futuro da nova gestão federal brasileira.

Um novo Congresso Nacional: Senado e Câmara dos Deputados

O ano de 2019 trouxe o início das atividades do Congresso Nacional mais pulverizado e conservador do Brasil desde a redemocratização do País, mais de trinta anos antes.

As eleições de outubro de 2018 mudaram a correlação de forças no Senado, composto por 81 parlamentares. O MDB seguiu com a maior bancada, mas o partido, que iniciou a sessão legislativa em fevereiro de 2015 com dezenove representantes,

[277] Entrevista concedida ao autor no dia 22 de janeiro de 2019.

começou 2019 com apenas doze senadores. Em seguida, aparece o PSDB, com oito senadores, o PSD, com sete, o DEM, com seis senadores, e o PT, com seis parlamentares.

Das cinco maiores bancadas que começaram a sessão legislativa de 2019, três perderam parlamentares em relação a 2015. Além do MDB, o PT sofreu queda de treze para seis senadores e o PSDB passou de onze para oito representantes. O DEM cresceu de cinco para seis senadores, enquanto a representação do PSD saltou de quatro para sete parlamentares.

São 21 legendas. Em 2015, eram quinze. Podemos, Rede, PSL, PHS (Partido Humanista da Solidariedade), PROS (Partido Republicano da Ordem Social), PRP (Partido Republicano Progressista), PTC (Partido Trabalhista Cristão) e Solidariedade não tinham parlamentares no início de 2015 e agora estão presentes no Senado. PCdoB (Partido Comunista do Brasil) e PSOL (Partido Socialismo e Liberdade) não elegeram senadores em 2019.

"Dos 52 parlamentares do PSL no Congresso Nacional, 38 estão no primeiro mandato. Isso significa que pode ficar difícil para o partido liderar o processo de articulação política de forma imediata. É um time inexperiente e, além disso, que me parece estar brigando internamente. Vamos ver o que faz o Onyx Lorenzoni. Ele é um político bastante experiente e tem uma melhor capacidade de articulação, mas tem uma tarefa difícil pela frente. Além disso, o governo não optou por montar os seus ministérios compondo com os partidos, o que pode tornar tudo ainda mais complicado, considerando o modelo de presidencialismo de coalizão. Somam-se a isso uma 'bateção' de cabeça generalizada e essa questão do envolvimento da família Bolsonaro com uma milícia do Rio de Janeiro. Enfim, essas questões tornam as coisas mais difíceis",[278] pondera o professor Couto.

[278] Entrevista concedida ao autor no dia 22 de janeiro de 2019.

Acima: Cerimônia de posse do prefeito João Doria, na Câmara Municipal. Abaixo: Michel Temer, enquanto presidente da república, aplaude o então governador de São Paulo, Geraldo Alckmin, durante o Fórum Econômico Mundial, realizado em São Paulo. Março de 2018.

Na Câmara dos Deputados, os brasileiros têm 513 deputados federais de trinta partidos diferentes. A bancada do PT tem 56 deputados e a do PSL, 52. São os dois partidos com mais deputados federais eleitos. Em seguida, estão Progressistas (37), MDB (34) e PSD (34).

O MDB foi o que mais perdeu cadeiras: caiu de 66 eleitos em 2014 para 34 em 2018. O PSL foi o partido que mais ganhou posições: foram 52 deputados eleitos agora, contra apenas um em 2014. Menos da metade dos deputados conseguiu se reeleger: 240 dos 513. O PSDB, que foi a terceira maior bancada eleita em 2014, caiu para a nona posição, com 29 deputados.

"Temos (em 2019) o Congresso (Nacional) mais fragmentado desde a redemocratização (do Brasil), aliás, o mais fragmentado da história da humanidade. Nunca houve, em qualquer democracia do mundo, um legislativo nacional tão fragmentado como este. Isso é incrível. Trinta partidos e o maior deles tem aproximadamente 10% das cadeiras. É muita fragmentação. Fica difícil negociar com um Congresso com esse perfil. E você ainda opta por não compor a coalizão com base nos partidos, porque afirma que vai negociar por meio de bancadas transversais, que basicamente não funcionam porque são um balaio de gato e porque não têm recurso institucional algum para o processo decisório. Quem têm isso são os líderes partidários. Isso tudo não tem como funcionar",[279] alerta o professor da USP.

[279] Ibid.

11

O BOLSONARISMO, O JOGO POLÍTICO DA POLÍTICA EXTERNA E A SOCIEDADE INTERNACIONAL

"Esquecer que a gente depende do multilateralismo pode trazer um risco de credibilidade real."
Guilherme Casarões

Para Guilherme Casarões, "a partir de 2019, o que veremos na política externa brasileira dependerá da correlação de forças entre quatro grupos políticos: (1) os evangélicos, (2) os ruralistas, (3) os militares e os (4) antiglobalistas. O Itamaraty, antes principal formulador, terá o papel crucial de organizar esse jogo",[280] propõe o acadêmico, que é uma das figuras mais respeitadas e ouvidas pela imprensa do Brasil quando o assunto é a política internacional.

"Grande parte dos debates externos ocorrerá no Congresso, tendo como protagonistas os membros da bancada BBB+B: Bíblia, Bala, Boi + Bolsonaros. A formulação (da Política Externa Brasileira, a PEB) também dependerá da ocupação dos espaços destes grupos em ministérios-chave, sobretudo nas funções comerciais da Fazenda",[281] continua o professor.

"As principais pautas dos evangélicos envolvem pregar fé e valores cristãos. São três pontos prioritários: defesa de Israel (elemento profético e, em certo sentido, comercial), proselitismo cristão no exterior (facilitação da expansão das igrejas) e promoção de uma agenda conservadora na Organização das Nações Unidas. Os ruralistas querem a abertura comercial irrestrita à agroindústria. Formam o grupo econômico mais competitivo lá fora. Contarão com a ajuda dos liberais do governo, tanto nos acordos bilaterais quanto na liberalização multilateral (defesa comercial/OMC). Têm ressalvas ao MERCOSUL",[282] prossegue Casarões.

"Os militares são pragmáticos. Admiram o universalismo e não querem que decisões ideológicas comprometam o interesse nacional. Reativar a indústria bélica e o comércio de armas é ponto importante. Também se preocupam com segurança nas fronteiras e combate ao crime organizado. A bancada Bolsonaro, representada pelos deputados Eduardo Bolsonaro, Joice Hasselmann e outros

[280] Entrevista concedida ao autor no dia 1º de novembro de 2018.

[281] Ibid.

[282] Entrevista concedida ao autor no dia 1º de novembro de 2018.

do PSL, é alinhada ao antiglobalismo de Olavo de Carvalho. Tem os ouvidos do chanceler (Ernesto Araújo). Defende a mudança dos valores da Política Externa Brasileira, o alinhamento com Trump e outras lideranças conservadoras, bem como o fim das pautas progressistas na ONU",[283] contextualiza Casarões, que acredita que o grande desafio será entender quais forças prevalecerão neste equilíbrio que foi explanado.

"A clivagem deverá ser entre os dois grupos mais ideológicos (Bíblia e Bolsonaro) e os dois grupos mais pragmáticos (Boi e Bala). Mas há temas, como integração regional, que embaralham o jogo. O antipetismo pode ser um ponto de convergência. O outro grande desafio será observar em que medida o Itamaraty, talvez alinhado com os militares, será capaz de manter as tradições diplomáticas do Brasil (autonomia, universalismo, multilateralismo) sob pressão de dentro, do (Poder) Executivo e, cada vez mais, do (Poder) Legislativo",[284] avalia Casarões.

O bolsonarismo e a sociedade internacional: o multilateralismo e o alinhamento automático com os Estados Unidos de Trump

Somente nos dez primeiros dias de governo, Bolsonaro removeu a população LGBT da lista de políticas e diretrizes destinadas à promoção dos Direitos Humanos do Governo Federal do Brasil, retirou o Brasil do Pacto de Migração da ONU, liberou a posse de armas de fogo e reafirmou o seu desejo de levar a embaixada brasileira em Israel para Jerusalém, o que selaria a entrada do Brasil em um dos conflitos mais complexos da história humana.

[283] Ibid.

[284] Ibid.

Policiais do Batalhão da Polícia de Choque tentam conter os manifestantes durante ato conjunto do Movimento Passe Livre (São Paulo) e organizações de estudantes secundaristas contra os cortes no orçamento da educação. Avenida Paulista, maio de 2019.

A Medida Provisória (MP) de nº 870/19, que foi assinada pelo novo presidente da República ainda no dia 1º de janeiro, retirou toda a população LGBT da lista de políticas e diretrizes destinadas à promoção dos direitos humanos no Brasil. A MP cita as mudanças na estrutura dos ministérios, incluindo o novo Ministério da Mulher, da Família e dos Direitos Humanos, comandado pela pastora Damares Alves.

Entre os parâmetros destinados à promoção dos direitos humanos são citados, explicitamente: "Mulheres, criança e adolescente, juventude, idoso, pessoa com deficiência, população negra, minorias étnicas e sociais e índio." As pessoas LGBT, que eram consideradas nas estruturas da Secretaria Nacional de Promoção e Defesa dos Direitos Humanos, foram simplesmente excluídas.

Segundo texto publicado no dia 8 de janeiro de 2019 pelo jornal *O Estado de São Paulo*, "o governo brasileiro informou nesta terça-feira, 8, oficialmente à ONU, em Nova Iorque e em Genebra, que o País está se retirando do Pacto Mundial de Migração, assinado em dezembro ainda pelo governo de Michel Temer. Na entidade, a rapidez pela qual a decisão foi tomada foi interpretada como um sinal de que o novo governo irá promover uma reviravolta em sua relação com as Nações Unidas",[285] ressalta a matéria.

"Essas decisões sobre temas que lidam com a questão do multilateralismo e dos direitos humanos são esdrúxulas. Os Estados Unidos suspenderam a participação na UNESCO, saíram do Conselho de Direitos Humanos, saíram do Acordo de Paris, e o Bolsonaro vai querer imitar a agenda do Trump neste sentido. Contudo, o custo de uma eventual saída brasileira destes

[285] CHADE, Jamil. Bolsonaro retira Brasil de Pacto de Migração e ONU teme reviravolta. *O Estado de São Paulo*, 8 jan. 2019. Disponível em: <https://internacional.estadao.com.br/noticias/geral,brasil-deixa-pacto-global-pela-imigracao-da-onu,70002671958>. Acesso em: 9 jan. 2019.

acordos é muito maior para o Brasil do que para os Estados Unidos",[286] adverte Casarões.

"O Brasil construiu uma relação histórica com a ONU e com o multilateralismo de forma geral que não pode ser simplesmente abandonada por um determinado governo. Isso nos colocaria um risco muito grande, que tem a ver com a nossa reputação. Esquecer que a gente depende do multilateralismo para se projetar internacionalmente pode trazer um risco de credibilidade real",[287] pondera o professor.

Integração regional da América do Sul e a Venezuela

Outro aspecto preocupante da nova gestão federal brasileira é o tom que foi usado para falar sobre o processo de integração regional da América do Sul. "Entre outros sinais, o Paulo Guedes deu declarações claríssimas considerando a prioridade do MERCOSUL na agenda externa do Brasil. Pode ser que haja um retrocesso em termos institucionais da integração regional brasileira. Eu acho que haverá. Isso também é muito perigoso, de maneira geral, porque grande parte da credibilidade do Brasil ainda está muito alicerçada nas instituições de integração regional que o País ajudou a construir, que são o MERCOSUL e a UNASUL. Nenhuma das duas será prioridade no governo do Bolsonaro, ao que tudo indica",[288] aponta Casarões.

"Isso gera outra implicação: o Brasil sempre zelou demais pelas relações regionais e sempre se orientou por um conjunto de princípios, entre os quais está o princípio da não intervenção e do respeito à soberania dos Estados. Eu não duvido que o

[286] Entrevista concedida ao autor no dia 1º de novembro de 2018.

[287] Ibid.

[288] Ibid.

Bolsonaro tope ou ajude a organizar uma intervenção norte-americana na Venezuela. Isso não precisa ser uma guerra aberta contra a Venezuela, mas pode ser um porto naval, sanções econômicas etc.[289] Existem certas ferramentas de diplomacia econômica que podem ser usadas. Isso tudo contrariaria basicamente um século de relações do Brasil com o hemisfério",[290] lembra Casarões.

Israel e o mundo árabe

Um ponto importantíssimo para os rumos do Brasil na sociedade internacional durante os próximos quatro anos é a relação do novo governo com Israel.

"Essa é uma pauta muito específica da Política Externa Brasileira, porque significa muito para as comunidades judaicas e evangélicas do Brasil. Existe uma expectativa, meio profética, de que o Brasil se aproximar de Israel vai ser a nossa salvação. Existe toda uma questão simbólica com a 'Terra Santa', do lado messiânico, do messias que vem salvar as pessoas, e eu penso que o Bolsonaro vai querer entregar algo para atender estes interesses do eleitorado religioso, alterando a Embaixada Brasileira em Israel de Tel-Aviv para Jerusalém e, muito provavelmente, fechando a Embaixada da Palestina no Brasil. Este é um tema particularmente arriscado, porque se por um lado ele está jogando para a plateia, por outro o mundo árabe está de olho e disposto a começar a embargar as importações do Brasil, que somam mais de US$20 bilhões em comércio com os países islâmicos",[291] destaca Casarões.

---

[289] A Venezuela era um dos principais parceiros econômicos do Brasil e o País chegou a superar a marca de cinco bilhões de dólares de saldo positivo na balança comercial com os vizinhos venezuelanos. Esse volume foi de R$ 5,13 bilhões, em 2008, para R$ 0,577, em 2018, de acordo com dados do Ministério da Economia, Fazenda e Planejamento.

[290] Entrevista concedida ao autor no dia 1º de novembro de 2018.

[291] Ibid.

No dia 11 de janeiro de 2019, a BBC Brasil apresentou um "um raio-X do comércio exterior brasileiro com Israel e países de maioria muçulmana".[292] Segundo a matéria, "em termos econômicos, o peso das transações com países árabes é muito maior que o comércio com Israel. Para determinados setores, como o de produção de açúcar, carne de boi e de frango e milho, o comércio com as nações islâmicas é crucial e há um temor de que a aproximação do Brasil com Israel gere retaliações do mundo árabe",[293] pondera o texto.

"Países árabes e o Irã respondem por quase 6% de todas as exportações brasileiras e cerca de 10% das exportações do setor agropecuário do Brasil. E a tendência, até pouco tempo, era de crescimento. Em 2018, as trocas entre o Brasil e países de maioria islâmica somaram US$22,9 bilhões, segundo dados do Ministério da Indústria e Comércio Exterior (MDIC). A balança é favorável ao Brasil em US$8,8 bilhões. Ou seja, exportamos mais do que importamos",[294] explica a matéria da BBC.

"Mas é olhando para setores específicos, principalmente a agropecuária, que o peso das relações comerciais com nações muçulmanas fica mais claro: elas recebem cerca de 70% de todas as exportações brasileiras de açúcar (somados o refinado e o bruto), 46% do milho em grãos, 37% da carne de frango e 27% da carne de boi, conforme dados levantados pela BBC News Brasil junto ao MDIC",[295] segue o texto da reportagem.

---

[292] PASSARINHO, Nathalia. Embaixada em Jerusalém: o que o Brasil pode ganhar e perder se aproximando de Israel. *BBC News Brasil*, 11 jan. 2019. Disponível em: <https://www.bbc.com/portuguese/brasil-46815018>. Acesso em: 12 jan. 2019.

[293] PASSARINHO, Nathalia. Embaixada em Jerusalém: o que o Brasil pode ganhar e perder se aproximando de Israel. *BBC News Brasil*, 11 jan. 2019. Disponível em: <https://www.bbc.com/portuguese/brasil-46815018>.

[294] Ibid.

[295] Ibid.

"Já o comércio com Israel representa bem menos de 1% do comércio exterior brasileiro. E o Brasil compra mais do que vende. A balança comercial com Israel em 2018 fechou em déficit de US$847,8 milhões",[296] resume a matéria.

Ainda durante a segunda semana do novo governo, no dia 11 de janeiro de 2019, a Liga Árabe, que é uma organização de estados árabes fundada em 1945 com o objetivo de reforçar e coordenar os laços econômicos, sociais, políticos e culturais entre os seus membros e possui 22 estados-membros em 2019, incluindo a Palestina, enviou uma carta por meio de um diplomata à gestão Bolsonaro.

"O mundo árabe tem muito respeito pelo Brasil e queremos não apenas manter as relações, mas também melhorá-las e diversificá-las. Mas a intenção de transferir a embaixada para Jerusalém pode prejudicá-las",[297] alertaram os árabes por meio desta correspondência.

A China e o anticomunismo

"Eu penso que o Bolsonaro não cometeria um erro tão crasso quanto já queimar a largada com a China, mas este discurso meio cinofóbico e contra o comunismo dele é sintomático de que se trata de uma relação que pode ficar difícil nos próximos meses",[298] pondera Casarões.

No dia 14 de janeiro de 2019, uma comitiva com dez deputados federais eleitos pelo PSL embarcou para a China, a

[296] Ibid.

[297] VEJA. *Liga Árabe alerta Bolsonaro contra mudança de embaixada em Israel.* 11 dez. 2018. Disponível em: <https://veja.abril.com.br/mundo/liga-arabe-adverte-bolsonaro-contra-mudanca-de-embaixada-em-israel/>. Acesso em: 11 dez. 2018.

[298] Entrevista concedida ao autor no dia 1º de novembro de 2018.

convite do Partido Comunista Chinês. A Embaixada Chinesa no Brasil confirmou que o convite foi feito pelo governo local.

"Como a gestão Bolsonaro vai equacionar esta relação com a China e que implicação isso vai ter, inclusive para a manutenção dos BRICS, do próprio G20 financeiro, de projetos em comum que o Brasil tem com a China e são importantes para nós? Isso tudo deverá ser muito incerto durante os primeiros meses",[299] conclui Casarões.

O saldo comercial (US$20,166 bilhões) e as exportações brasileiras para a China (US$47,488 bilhões) atingiram o recorde histórico nos últimos anos (2017), impulsionados, principalmente, pela demanda aquecida do país asiático, cuja economia expandiu mais do que o esperado.

Em janeiro de 2018, a Agência Nacional de Estatísticas da China revelou que o Produto Interno Bruto (PIB) chinês avançou 6,9% em 2017, em relação a 2016, a primeira aceleração anual do ritmo de crescimento econômico desde 2010 e acima da meta do governo chinês, que esperava crescimento de 6,5%.

Em 2016, o PIB chinês teve aumento de 6,7% e a demanda do país pelas *commodities* brasileiras, principalmente agrícolas, carne bovina e suína, deve continuar subindo na próxima década, puxando o crescimento do saldo das exportações brasileiras ao país.

A China está reorganizando os investimentos para o consumo interno, que era voltado para o comércio externo. Cerca de 55% dos chineses (mais de 750 milhões de pessoas) vivem agora em áreas urbanas, o que aponta uma continuidade de expansão da demanda interna. Espera-se que, até 2030, 70% da população chinesa esteja vivendo em áreas urbanas. Ou seja, a China é um mercado quase inesgotável e absolutamente vital para os produtos brasileiros.

[299] Ibid.

Davos e o teste de fogo nos grandes palcos do mundo

No dia 22 de janeiro de 2019, o presidente Jair Bolsonaro fez o seu primeiro discurso para os principais líderes da sociedade internacional, durante o Fórum Econômico Mundial em Davos, na Suíça.

Apesar de receber o apoio público de alguns empresários brasileiros e internacionais, a repercussão da apresentação de Bolsonaro aos grandes palcos políticos do mundo foi complicada. O presidente brasileiro não recebeu nenhum elogio significativo dos outros estadistas presentes nesta ocasião e foi duramente criticado por veículos, personalidades e jornalistas relevantes do cenário internacional.

A agência de notícias Reuters foi incisiva na avaliação: "Jair Bolsonaro foi mal em Davos. Em sua primeira aparição no exterior desde que assumiu o cargo, o novo presidente do Brasil fez, na terça-feira, um breve e vago discurso de vendas de um 'novo Brasil'. O otimismo dos negócios sobre o país está alto, e mudanças modestas podem ajudar a obter vitórias antecipadas. No longo prazo, no entanto, a história é diferente."[300]

O jornal britânico The Telegraph disse que "o recém-empossado presidente do Brasil, Jair Bolsonaro, não conseguiu honrar sua fama de 'Trump dos Trópicos' com um discurso pouco inspirador em Davos, que não esclareceu muito a direção da oitava maior economia do mundo".[301]

[300] FERREIRA-MARQUES, Clara. Breakingviews: Brazil's Bolsonaro clears low Davos bar. Reuters, 22 jan. 2019. Disponível em: <https://www.reuters.com/article/us-davos-meeting-breakingviews/breakingviews-brazils-bolsonaro-clears-low-davos-bar-idUSKCN1PG2HX>. Acesso em: 25 jan. 2019.

[301] MARLOW, Ben. Brazil's firebrand president Bolsonaro fails to live up to billing as 'Trump of the Tropics'. *The Telegraph*, 22 jan. 2019. Disponível em: <https://www.telegraph.co.uk/business/2019/01/22/brazils-bosonaro-delivers-mixed-messages-inaugural-davos-speech/>. Acesso em: 23 jan. 2019.

Avenida Paulista, junho de 2018, 22ª edição da Parada LGBTQ.

O *The Guardian*, outro grande jornal inglês, afirmou que a "estreia de Davos de Bolsonaro (foi) ofuscada pelo crescente escândalo em torno do filho",[302] enquanto o francês *Le Monde* avaliou que "Jair Bolsonaro fez o serviço mínimo para vender em Davos um 'novo Brasil'".[303]

Sylvie Kauffmann, diretora editorial do *Le Monde* e colaboradora do periódico The New York Times, escreveu que o presidente brasileiro não conseguiu responder às perguntas de Klaus Schwab, fundador do Fórum Econômico Mundial. "Fiasco de Bolsonaro em Davos, incapaz de responder concretamente às questões de Klaus Schwab. Quinze minutos de generalidades", avaliou Kauffmann.

Já a CNN elogiou a superficialidade da apresentação do presidente brasileiro com a manchete: "Jair Bolsonaro diz que o Brasil está aberto para negócios",[304] e a Bloomberg ressaltou que "Bolsonaro fala de reforma de 'credibilidade' para os investidores de Davos".[305]

"Grande fracasso. Ele (Bolsonaro) tinha o mundo inteiro assistindo e sua melhor frase foi dizer às pessoas para irem de férias ao Brasil. Bolsonaro é classificado como o 'Trump sul-americano',

---

[302] PHILLIPS, Tom. Bolsonaro's Davos debut overshadowed by growing scandal around son. *The Guardian*, 22 jan. 2019. Disponível em: <https://www.theguardian.com/world/2019/jan/22/jair-bolsonaro-flavio-brazil-davos-scandal-gangs>. Acesso em: 23 jan. 2019.

[303] DE VÈRGES, Marie. Jair Bolsonaro fait le service minimum pour vendre à Davos un "nouveau Brésil". *Le Monde*, 22 jan. 2019. Disponível em: <https://www.lemonde.fr/economie/article/2019/01/22/jair-bolsonaro-fait-le-service-minimum-pour-vendre-a-davos-un-nouveau-bresil_5413018_3234.html>. Acesso em: 24 jan. 2019.

[304] RILEY, Charles. Jair Bolsonaro says Brazil is open for business. *CNN Business*, 22 jan. 2019. Disponível em: <https://edition.cnn.com/2019/01/22/business/bolsonaro-brazil-davos-foreign-investment/index.html>. Acesso em: 24 jan. 2019.

[305] MARTIN, Eric; LIMA, Mario Sergio. Brazil's Bolsonaro Touts Reform 'Credibility' to Davos Investors. *Bloomberg*, 22 jan. 2019. Disponível em: <https://www.bloomberg.com/news/articles/2019-01-22/brazil-president-touts-reform-credibility-to-davos-investors>. Acesso em: 24 jan. 2019.

mas ele parecia tépido", escreveu a jornalista Heather Long, do The Washington Post, em sua conta de Twitter.

Após este discurso inicial, Bolsonaro cancelou a coletiva de entrevista com os jornalistas brasileiros e internacionais, o que evocou a ira até dos veículos brasileiros mais conservadores e à direita no espectro político.

No dia 24 de janeiro, o jornal *O Estado de São Paulo* publicou um editorial afirmando que "num vexame sem precedente, o presidente Jair Bolsonaro evitou a imprensa em Davos, cancelando uma entrevista e deixando jornalistas e cinegrafistas brasileiros e estrangeiros à sua espera numa sala do Fórum Econômico Mundial. [...] Logo correu entre os jornalistas credenciados em Davos outra explicação para a inusitada atitude de Jair Bolsonaro: a entrevista foi cancelada porque o novo presidente brasileiro é incapaz de se comportar como um chefe de governo, ou, em termos mais simples, como uma figura pública preparada para exercer esse papel. Bolsonaro, a menos que surja outra interpretação plausível para sua atitude, foi incapaz de aguentar a tensão em seu primeiro teste internacional. [...] O cancelamento da entrevista comprovou suas más condições para o exercício de uma função física e psicologicamente exigente como a que acaba de assumir",[306] conclui o texto do jornal.

A revista *Veja* disse que o "cancelamento é quebra de protocolo de Bolsonaro em Davos"[307] e a rádio Jovem Pan ironizou com a manchete: "Heleno justifica cancelamento de pronunciamento em Davos: Bolsonaro precisava 'dar uma respiradinha'."[308]

---

[306] O ESTADO DE SÃO Paulo. *Bolsonaro em Davos*. 24 jan. 2019. Disponível em: <https://opiniao.estadao.com.br/noticias/notas-e-informacoes,bolsonaro--em->.davos,70002691926>. Acesso em: 24 jan. 2019.

[307] COSTA, Ana Clara. Cancelamento é quebra de protocolo de Bolsonaro em Davos. *Veja*, 23 jan. 2019. Disponível em: <https://veja.abril.com.br/politica/bolsonaro-cancela-entrevista-coletiva-no-forum-de-davos/>. Acesso em: 24 jan. 2019.

[308] JOVEM PAN. *Heleno justifica cancelamento de pronunciamento em Davos: Bolsonaro precisava 'dar uma respiradinha'*. 23 jan. 2019. Disponível em: <https://

"O principal desafio deste novo governo é entender que existem regras na sociedade internacional. Rejeitar o acordo do clima, desrespeitar as decisões da ONU referentes à Palestina, peitar os países árabes do mundo islâmico com relação a isso também, rasgar a posição do Brasil com respeito ao Pacto de Migração, provocar a China, entre outras coisas. Uma série de posições que tendem a produzir retaliações, tendem a produzir derrota. Enfim, tudo isso vai tornando o Brasil um país mais isolado",[309] avalia o professor Cláudio Gonçalves Couto.

"O (atual) governo decidiu adotar esta ideia que antes havia muita ideologia, mas eu francamente nunca vi tanta ideologia nas tomadas de decisão de um governo como neste momento. É a ideologia se sobrepondo tanto ao pragmatismo quanto à lógica de funcionamento das instituições. Isso vale para dentro e para fora. De novo, acho muito difícil que isso não custe caro ao Brasil",[310] conclui Couto.

Efetivamente, custou muito caro para o Brasil, conforme previsto. No começo da década 2021 – 2030, por conta da postura negacionista e genocida do bolsonarismo durante a sindemia covid-19, o país encontrava-se totalmente desacreditado e isolado na sociedade internacional.

Pela primeira vez em sua história, a nação viu "todas as suas principais tradições diplomáticas jogadas no lixo"[311], mas esse tema é assunto para outro livro.

---

jovempan.uol.com.br/noticias/brasil/heleno-justifica-cancelamento-de-pronunciamento-em-davos-bolsonaro-precisava-dar-uma-respiradinha.html>. Acesso em: 24 jan. 2019.

[309] Entrevista concedida ao autor no dia 22 de janeiro de 2019.

[310] Ibid.

[311] Sobre esse tema, leia o livro *Tempestade Perfeita: o bolsonarismo e a sindemia covid-19 no Brasil* (Contracorrente, 2021).

POSFÁCIO

O descrédito do modelo de democracia indireta, a ganância desmedida de partidos políticos pela manutenção das suas hegemonias a qualquer custo, a influência da mídia brasileira, as manobras de poderes corporativos e da República, uma recessão econômica, todos os tipos de elitismos históricos, a sagacidade de grupos internacionais que são especialistas em utilizar o medo e a ojeriza como forma de promover a instabilidade ou criar coesão política entre as massas, o dogma religioso e novas ferramentas e estratégias de comunicação.

A ascensão do bolsonarismo no Brasil do século XXI promoveu uma reorganização da estrutura social brasileira, não somente nos âmbitos político e social coletivo (trabalho, clube, mercado etc.), mas no cerne das famílias e das relações afetivas das amizades mais próximas. Melhores amigos brigaram. Tios e sobrinhas discutiram. Pais e filhos se desentenderam aos gritos. Foi um período muito conturbado para a sociedade brasileira em geral. Essa reestruturação, que aconteceu de forma mais acentuada entre 2016 e 2018, foi especialmente traumática por conta da intensidade de ambos os elementos que colidiram neste começo do século XXI no Brasil.

De um lado, o conservadorismo histórico que se aliou ao conservadorismo religioso e venceu as eleições em 2018. Do outro, a intensificação de tendências globais e inexoráveis, como a globalização, a ciência moderna e o feminismo (este último compreendido como a busca da igualdade total, considerando o tratamento destinado às pessoas de todos os gêneros).

Trata-se de um período na história do Brasil quando as forças políticas e sociais que representam estes raciocínios antagônicos travaram um embate sobre a plataforma do descrédito do modelo de democracia representativa, que foi catalisado em muitas sociedades civis modernas do planeta por causa da Internet e do surgimento de um novo paradigma de comunicação (principalmente desde a popularização dos *smartphones*, entre 2010 e 2013), com redes sociais, aplicativos e novas estratégias de construção de narrativas.

Apesar disso, os elementos que norteiam a organização das retóricas mais conservadoras atuantes no Brasil no começo da nova década (2021 – 2030) se assemelham muito aos discursos da Doutrina Truman, quando o objetivo do então presidente estadunidense, Harry Truman, era deter o avanço do comunismo no mundo. Em 1945. Atualmente, a nossa maior parceira comercial é a China, país governado pelo Partido Comunista Chinês. O mundo mudou e seguirá em constante transformação.

Aliado ao fundamentalismo religioso, que prega uma cruzada do bem contra o mal como uma questão de sobrevivência, e à racionalidade neoliberal vigente no Ocidente, o bolsonarismo vem transformando o Brasil em uma espécie de teocracia evangélica miliciana: um estado caótico, fragmentado, isolado e fraco, controlado por milícias e grupos paramilitares (internamente), com a religião no centro da vida social e submisso ao capital financeiro estrangeiro internacional, exportando matéria-prima e produtos primários enquanto precariza a ciência, a pesquisa e as condições de trabalho (e vida em geral) da população nacional.

Forças dogmáticas e conservadoras preferem terrenos mais ácidos, porque é sempre mais fácil avançar retóricas que usam o medo ou os elitismos históricos quando as pessoas estão com raiva e existe a dimensão de um inimigo comum responsável por todos os problemas. Contudo, o funcionamento das sociedades civis no século XXI é bem mais elaborado e envolve um processo de coordenação de inúmeros aspectos, agentes e expectativas, além de uma complexa interação com o resto do mundo, com o qual o ódio e o medo têm pouquíssimo ou nada a contribuir.

Desta forma, assim como a sociedade brasileira proibiu a propaganda dos cigarros, por exemplo, porque entendeu que se trata de um produto demasiadamente nocivo para promover, faz-se necessária uma legislação (e um parlamento) que seja capaz de efetivamente impedir qualquer campanha, discurso ou prática política que adote como base o ódio, a discriminação, a ridicularização e a humilhação de outros seres humanos, exatamente pelo mesmo motivo. É preciso garantir que a fala (e a mensagem transmitida de forma geral) dos candidatos e mandatários seja genuinamente republicana e democrática. Esses são os valores que constituem de fato o Estado de Direito da República Federativa do Brasil e possibilitam que as pessoas discordem de forma civilizada. Sem eles, todas as nossas instituições colapsam e nos resta somente o obscurantismo de um autoritarismo vil, conforme o Brasil constatou empiricamente entre os anos de 2016 e 2021.

Com a economia devastada, o segundo maior número de óbitos registrado em decorrência da covid-19 em todo o planeta (entre os meses de março de 2020 e 2021), o isolamento internacional, a explosão da violência, da criminalidade e da intolerância, escândalos de corrupção do governo federal, desavenças internas e externas de todas as ordens, todos os indicadores sociais apontando a deterioração dos padrões de vida (volta da fome etc.) e o desmatamento recorde das suas florestas e regiões de preservação, a nação viu-se confrontada com os efeitos práticos que utilizar o ódio, o medo e os elitismos históricos combinados às redes sociais digitais para eleger os seus líderes representativos acarretam, invariavelmente.

Assim, lamentavelmente para o Brasil, a ascensão do bolsonarismo ainda coincidiu com a pior pandemia dos últimos cem anos. Refletir sobre os danos (e possíveis soluções) causados por essa interseção entre o bolsonarismo e a covid-19 no Brasil é o tema do livro *Tempestade Perfeita: o bolsonarismo e a sindemia covid-19 no Brasil*, que, em certa medida, oferece uma espécie de continuação para essa obra.

pólen soft 80 gr/m2
tipologia adobe caslon pro
impresso no outono de 2021

CESAR ANTONIO CALEJON IBRAHIM

A ASCENSÃO DO BOLSONARISMO NO BRASIL DO SÉCULO XXI

Coordenação editorial: Sálvio Nienkötter
Editor-executivo: Raul K. Souza
Editores-assistentes: Daniel Osiecki, Francieli Cunico
Capa: Jussara Salazar
Design editorial: Carlos Garcia Fernandes
Fotografias: Adriano Vizoni
Produção: Cristiane Nienkötter
Revisão e preparação de originais: O Autor

Dados Internacionais de Catalogação na Publicação (CIP)
Angelica Ilacqua CRB-8/7057

Ibrahim, Cesar Antonio Calejon
A ascensão do Bolsonarismo no Brasil do século XXI / Cesar Antonio Calejon Ibrahim. -- 2. Ed -- Curitiba : Kotter Editorial, 2021.
284 p.

ISBN 978-65-89624-42-4

1. Brasil – Política e Governo 2. Jornalismo 3. I. Título

CDD: 331.880981
CDU: 331.105.44 (81)

21-2236

Kotter Editorial Ltda.
Rua das Cerejeiras, 194
CEP: 82700-510 - Curitiba - PR
Tel. + 55(41) 3585-5161
www.kotter.com.br | contato@kotter.com.br

Feito o depósito legal
1ª Edição
2021